La receta de la felicidad

DEEPAK CHOPRA

La receta de la felicidad

Las siete claves de la felicidad y la iluminación

Traducción de
GERARDO HERNÁNDEZ CLARK

Vintage Español
Una división de Random House, Inc.
Nueva York

A la felicidad capaz de sanar

Índice

La felicidad más grande

La finalidad de la vida es la expansión de la felicidad. La felicidad es la meta de todas las demás metas. La mayoría cree que la felicidad es resultado del éxito, la acumulación de riquezas, la salud o las buenas relaciones interpersonales, y la presión social hace creer a muchos que estos logros equivalen a la felicidad. Sin embargo, no es así. El éxito, la riqueza, la buena salud y las relaciones enriquecedoras son *consecuencias* de la felicidad, no su causa.

Cuando nos sentimos felices aumentan nuestras posibilidades de hacer elecciones que nos acerquen a estas cosas, pero no funciona al revés. Todos conocemos personas que se sienten profundamente infelices aun después de acumular increíbles riquezas y alcanzar el éxito. La buena salud también puede ser objeto de negligencia o abuso, y hasta la familia más feliz puede perder su dicha al enfrentar una crisis inesperada. Las personas infelices no son exitosas, y no hay logro ni dinero alguno que pueda modificar esta ecuación.

Por esto debemos dejar de pensar en las señales externas y concentrarnos en la felicidad interior, tan buscada y tan difícil de encontrar. En los últimos años, psicólogos y estudiosos del cerebro han emprendido la primera investigación seria acerca de la felicidad. Antiguamente, la psicología se concentraba casi exclusivamente en tratar la infelicidad, de la misma forma en que la medicina interna trata la enfermedad. Pero así como en años recientes ha aumentado de manera notable la atención al bienestar y la prevención, también lo ha hecho el interés en lograr la felicidad.

Curiosamente, uno de los temas más controvertidos en el nuevo campo de la psicología positiva es si los seres humanos estamos hechos para ser felices. Quizá todos vamos en busca de una ilusión, de una fantasía alimentada por momentos de felicidad esporádicos y siempre efímeros. O quizá haya personas predispuestas genéticamente para ser felices, seres afortunados que están más allá de lo que la mayoría experimentamos: un sentimiento de satisfacción moderada, en el mejor de los casos. Algunos expertos afirman que la felicidad es aleatoria, una sorpresa emocional que aparece y desaparece en un instante, como una fiesta sorpresa de cumpleaños, y que no deja huella permanente una vez que acaba.

Algunos de los científicos más destacados en el campo de la psicología positiva, en particular la profesora Sonja Lyubomirsky, Ed Diener y Martin Seligman, elaboraron lo que llaman la "fórmula de la felicidad". Dichos investigadores hallaron tres factores específicos, susceptibles de cuantificarse en una sencilla ecuación:

$$F = P + C + A$$

Felicidad = predisposición + condiciones de vida + actividades voluntarias

Ésta es una de las teorías más extendidas acerca de la felicidad, así que la analizaremos para luego mostrar una mejor manera de alcanzar la meta. Aunque apunta en la dirección correcta, la fórmula no profundiza lo suficiente para develar el auténtico secreto de la felicidad.

El primer factor, la predisposición, determina cuán felices somos por naturaleza. Las personas infelices tienen un mecanismo cerebral que interpreta las situaciones como problemas. Por su parte, las personas felices tienen un mecanismo cerebral que interpreta las mismas situaciones como oportunidades. Así, el fenómeno del "vaso medio lleno o medio vacío" tiene sus raíces en el cerebro y está "dispuesto" de tal manera que no varía mucho con el paso del tiempo. De acuerdo con los investigadores, la predisposición determina alrededor de 40 por ciento de la experiencia de felicidad de una persona. Aparentemente, esta predisposición es en parte genética: si tus padres fueron infelices, es más probable que tú también lo seas. Sin embargo, no debemos olvidar la influencia de la infancia.

El cerebro de los niños tiene neuronas que reflejan el cerebro de los adultos que los rodean. Se dice que estas "neuronas espejo" son responsables del aprendizaje de nuevas conductas. Los pequeños no necesitan imitar a sus padres para aprender algo nuevo; les basta observarlos para que ciertas neuronas se activen de manera tal que reflejen la actividad. Por ejemplo, un bebé a quien se está destetando observa a sus padres comer. Cuando éstos toman los alimentos y los llevan a su boca, ciertas áreas de su cerebro se activan. El simple hecho de observar esta actividad hace que las mismas áreas se activen en el cerebro del niño. De esta forma, el cerebro en desarrollo aprende una nueva conducta sin tener que seguir un proceso de prueba y error.

Este modelo ya se ha demostrado en monos y se ha extendido en la teoría a los humanos. Ofrece la prueba física de algo tan misterioso como la empatía, la capacidad de sentir lo que otro siente. Algunas personas tienen esta habilidad; otras no. Unos cuantos son tan empáticos que prácticamente no toleran el sufrimiento ajeno. Estudios de resonancia electromagnética y tomografía computarizada indican que la función cerebral desempeña un papel fundamental en la empatía. Las neuronas de un niño reflejan las emociones de los adultos que lo rodean y lo hacen sentir lo que éstos sienten. Si un niño vive rodeado por adultos infelices, su sistema nervioso quedará programado para la infelicidad, aun antes de tener motivos para sentirla.

¿Por qué no todos los niños son empáticos? Porque el desarrollo cerebral es extremadamente complejo y diferente en cada bebé. Durante nuestra infancia se programaron simultáneamente toda clase de funciones cerebrales, y para algunos la empatía tuvo un papel secundario. Ésta es una desigualdad preocupante e influye en la felicidad. Podríamos pensar que si el cerebro está predeterminado —por los genes o por la infancia— para cierto grado de felicidad, no hay nada que podamos hacer para cambiarlo. Sin embargo, esto sería un error, porque ni el cerebro ni los genes son estructuras estáticas; están cambiando y evolucionando a cada minuto. Nuestros genes reciben constantemente la influencia de nuevas experiencias. Cada una de nuestras elecciones envía señales químicas que atraviesan el cerebro, incluyendo la elección de ser feliz, y cada señal moldea el cerebro año tras año.

Las investigaciones muestran que, en términos generales, la predisposición del cerebro puede modificarse mediante:

Medicamentos para levantar el ánimo; funcionan sólo en el corto plazo y tienen efectos secundarios.

Terapia cognitiva, que transforma el cerebro mediante la modificación de creencias limitadoras. Todos nos decimos a nosotros mismos palabras que provocan infelicidad. La repetición constante de una creencia negativa (soy una víctima, nadie me quiere, la vida es injusta, hay algo malo en mí) desarrolla vías nerviosas que refuerzan la negatividad al convertirla en una manera habitual de pensar. Dichas creencias pueden remplazarse con otras no sólo más positivas sino más acordes con la realidad (si fui una víctima no tengo por qué seguir siéndolo; puedo encontrar el amor si elijo lugares mejores para buscarlo). Al tratar pacientes cuya vida está dominada por creencias negativas, los psicólogos han descubierto que la alteración de creencias fundamentales es tan eficaz como los medicamentos para modificar la química cerebral.

Meditación, que produce en el cerebro numerosas alteraciones positivas. Los efectos físicos de permanecer quietos y volcarse al interior son inconmensurables. La resolución del enigma tomó mucho tiempo. Los investigadores tuvieron que luchar contra el prejuicio occidental acerca de que la meditación pertenecía al terreno del misticismo o que era, en el mejor de los casos, una especie de práctica religiosa. Hoy sabemos que activa la corteza prefrontal, sede del pensamiento elevado, y que fomenta la liberación de neurotransmisores como la dopamina, la serotonina, la oxitocina y los opiáceos cerebrales. Cada uno de estos químicos naturales del cerebro se relaciona con distintos aspectos de la felicidad. La dopamina es un antidepresivo; la serotonina aumenta la autoestima; la oxitocina es conocida como la hormona del placer (sus niveles aumentan también durante la excitación sexual); los opiáceos actuan como analgésicos y son responsables de la euforia que sigue al ejercicio físico. Queda claro que la meditación, por producir niveles elevados de estos neurotransmisores, es una manera más eficaz para modificar la predisposición del cerebro. Además, ningún medicamento puede coordinar por sí solo la liberación de todas estas sustancias.

El segundo factor en la fórmula de la felicidad son las condiciones de vida. Como todos queremos mejorar la calidad de nuestra existencia, damos por hecho que un cambio positivo de nuestras condiciones nos hará más felices. Sin embargo, este factor explica sólo entre siete y 12 por ciento de la experiencia total de la felicidad. Si ganas la lotería, por ejemplo, al principio te sentirás extáticamente feliz, pero al cabo de un año regresarás a tu nivel normal de felicidad o infelicidad. Al cabo de cinco años, casi todos los que han ganado la lotería afirman que la experiencia tuvo un efecto negativo en su vida. Los expertos en estrés han acuñado el término *eustrés* para referirse al estrés causado por experiencias intensamente placenteras. Todos pensamos que nos gustaría vivir eso, pero el cuerpo no sabe distinguir entre el eustrés y el *distrés*, causado por experiencias desagradables. Ambos pueden desatar la reacción del estrés. Si no te adaptas bien a éste, las experiencias positivas pueden afectar tanto como las negativas tu corazón, tu sistema endocrino y otros órganos y sistemas vitales.

Al igual que los acontecimientos felices, las circunstancias trágicas, como la muerte de un familiar, un amargo divorcio o una desgracia como quedar paralizado por una lesión en la columna, no influyen de manera significativa en el nivel de felicidad de una persona en el largo plazo. Los seres humanos tenemos una notable capacidad para adaptarnos a las circunstancias externas. Como dijo Darwin, el factor más importante para la supervivencia no es la inteligencia ni la fortaleza sino la adaptabilidad. La resistencia emocional, la capacidad de recuperarse después de una experiencia adversa, es uno de los indicadores más confiables de quién vivirá largo tiempo. Todos experimentamos situaciones difíciles, pero la adaptabilidad es un valioso rasgo innato. Esta capacidad explica por qué las condiciones de vida tienen tan poca influencia en el nivel de felicidad de una persona.

Casi 50 por ciento de la fórmula de la felicidad depende del tercer factor, las cosas que elegimos hacer en nuestra vida cotidiana. ¿Qué clase de elecciones nos hacen felices? Unas se basan en la satisfacción personal, pero los investigadores descubrieron con sorpresa que no eran las más significativas. El incremento del placer personal provocado por comer bien, beber champaña, hacer el amor o ver una película proporciona una felicidad de unas cuantas horas o un par de días a lo mucho. La gratificación instantánea declina rápidamente.

Otra clase de elección promueve la expresión creativa o la felicidad de otra persona. En ambos casos se accede a un nivel más profundo del ser. Según las investigaciones, las acciones que realicemos en favor de la felicidad de los demás son una vía rápida para la felicidad duradera. La expresión creativa también puede rendir resultados positivos y perdurables para la propia felicidad.

Esto es, en pocas palabras, lo que las investigaciones más recientes nos dicen. Sin embargo, el conocimiento de la fórmula de la felicidad no es garantía de una felicidad auténtica o duradera. Sólo el tercer factor, las actividades voluntarias, toma en consideración la vida interior de la persona y abre la puerta al que considero el único lugar donde puede encontrarse el secreto de la felicidad. Veamos qué hay detrás de esa puerta. Lo que hallemos también nos ayudará a responder la pregunta más importante: ¿somos los humanos capaces de gozar una felicidad auténtica y perdurable?

Las tradiciones orientales señalan que la vida supone de manera inevitable el sufrimiento, el cual puede tomar la forma de accidentes, desgracias, envejecimiento, enfermedad y muerte. Esto sugiere que los pesimistas tienen razón al afirmar que la felicidad duradera es una ilusión. Los seres humanos, en particular, sufrimos a causa de la memoria y la imaginación. Cargamos con las heridas del pasado e imaginamos que el futuro nos depara más sufrimiento. A las demás criaturas no les preocupa la vejez, la decrepitud ni la muerte. No se aferran al pasado, ni alimentan agravios ni resentimientos.

Los animales sí tienen memoria. Si pateas a un perro, éste recordará la experiencia y gruñirá si se encuentra contigo 10 años después. Pero a diferencia de los humanos, no planificará durante esos 10 años la manera de vengarse. Nuestra capacidad de sufrir nos hace buscar una salida. Por esto, para millones de personas, el presente gira en torno a huir del dolor pasado y evitar el dolor futuro.

En vez de proponer un escape al sufrimiento, las tradiciones de Oriente diagnostican el sufrimiento de la misma forma en que un médico diagnostica la enfermedad. Las tradiciones védica y budista de la India identificaban cinco causas del sufrimiento, y de la infelicidad resultante:

1. Desconocer nuestra identidad auténtica.
2. Aferrarnos a la idea de permanencia en un mundo mutable por naturaleza.
3. Temer al cambio.
4. Identificarnos con esa alucinación de origen social llamada ego.
5. Temer a la muerte.

Si bien la vida ha cambiado drásticamente a lo largo de los siglos, no ha ocurrido lo mismo con estas fuentes del sufrimiento, y mientras no las resolvamos, de poco servirán los medicamentos más eficaces, la crianza más amorosa o las obras más desinteresadas. La fórmula de la felicidad no contempla las verdaderas dolencias de la existencia humana, que todos experimentamos. Estar vivo es recelar el cambio, aferrase al ego y a sus falsas promesas, temer la llegada de la muerte. Cavilamos confundidos acerca de la pregunta más simple y más básica: *¿quién soy?*

Por fortuna, no hace falta debatirse con las cinco causas del sufrimiento ya que todas están contenidas en la primera: el desconocimiento de nuestra identidad auténtica. Una vez que experimentes quién eres en realidad, todo sufrimiento desaparecerá. Ésta es, sin duda, una promesa colosal, pero ha perdurado por lo menos tres mil años en espera de que cada nueva generación la descubra. Cada descubrimiento es nuevo y depende del individuo. Por naturaleza, todos estamos interesados en nosotros mismos. Si utilizamos ese interés para ir al fondo de nosotros mismos, encontraremos el lugar donde reside nuestro ser auténtico, y entonces se nos revelará el secreto de la felicidad.

Nuestra identidad auténtica se aloja en una conciencia fundamental más allá de la mente, el intelecto y el ego. Cuando vemos más allá de nuestro limitado yo —ese yo que lucha por alcanzar la paz, el amor y la realización en la vida— estamos en camino de hallar nuestra identidad auténtica. Todos estamos conectados con la fuente de la creación. Los sabios antiguos nos han legado una hermosa imagen que lo representa: una vela de flama eterna, instalada en un santuario dentro del corazón. Si hallamos esa flama alcanzaremos la iluminación y disiparemos las tinieblas de la duda, la ira, el temor y la ignorancia.

Lo que somos trasciende el espacio, el tiempo y las relaciones de causa y efecto. Nuestra conciencia fundamental es inmortal. Si llegamos a conocernos en este nivel no volveremos a sufrir. Muchas personas equiparan iluminación con impasibilidad, un estado de aislamiento que les resulta atemorizante porque suponen que deben renunciar a las comodidades de la vida cotidiana. Ante la disyuntiva entre iluminación y placer personal, siempre optan por el segundo. Pero el conocimiento de nuestra identidad auténtica no nos aparta ni nos priva de las satisfacciones de la vida diaria; antes bien nos muestra la fuente de todas las satisfacciones.

En la fuente descubrimos una conexión que nos une a todos. Nuestro yo auténtico es transpersonal; esto es, se extiende más allá de las fronteras de nuestro yo personal. No obstante, transpersonal no significa impersonal, otro de los temores que tiene la gente cuando piensa en iluminación. Aquí también ocurre lo contrario; un maestro espiritual indio lo expresó así: "Mi amor resplandece como la luz de una hoguera. No se enfoca en nadie, no excluye a nadie". Si valoramos el amor, la paz y la realización, el hallazgo de nuestra identidad auténtica no hará sino expandirlos.

Por fortuna, conocer nuestro yo auténtico no es difícil. Es lo que la naturaleza quiere que hagamos. Una vez que encontramos el camino, los pasos se suceden sin dificultad ni tensión. Al principio es necesario un granito de fe. En la sociedad occidental, a pocos se les enseña que la única cura permanente para la infelicidad es la iluminación, pero es posible experimentar en carne propia la verdad de esta afirmación. Desde las primeras etapas del camino el sufrimiento se reduce, a veces de manera drástica.

Desde el lugar donde te encuentras en este instante, leyendo estas palabras, la iluminación puede parecer una posibilidad lejana y sobrecogedora, pero en las páginas siguientes te expondré siete claves que te guiarán en tu recorrido. Como lo más eficaz es siempre lo más sencillo, natural y cómodo, voy a presentarte ahora una idea increíblemente poderosa:

En este mundo de cambio constante,
hay algo que no cambia.

Este sencillo pensamiento describe la meta de cualquier búsqueda. Si te concentras en tu respiración, sentirás que asciende y desciende. Si te concentras en tus pensamientos, observarás que también van y vienen. Todas las funciones del cuerpo presentan este vaivén y, de hecho, el mundo entero funciona de la misma manera.

¿Dónde se origina este ir y venir? ¿Dónde está el no-cambio que posibilita el cambio? Necesariamente existe. Sin un océano en calma no existirían las olas. Sin una mente en calma no podríamos tener pensamientos. Sin el llamado estado fundamental, aquél con un potencial infinito de materia y energía, no existiría el universo, afirman los físicos.

Resulta de gran importancia observar que todo cambio se basa en el no-cambio. Al hacerlo comprendemos que nuestra existencia, inmersa en la transformación, debe implantarse en un estado más profundo e inmutable del ser. Tenemos una fuente, un estado fundamental. Piensa en cualquier cosa que pueda verse: un árbol, un ocaso, la luna o una estrella distante. Tú, el observador, y el objeto que observas, desaparecerán algún día. Ambos están atrapados en la inestabilidad. Pero el estado fundamental que los subyace no va ni viene: permanece.

La iluminación consiste simplemente en encontrar la manera de alcanzar este estado fundamental. Una vez alcanzado nos identificamos de manera natural con él, y podemos decir: "Éste es el yo verdadero". Es así de simple. Por eso el secreto de la felicidad está en nuestras manos. Las siete claves de la felicidad también podrían llamarse las siete claves de la iluminación. Consisten en cosas cotidianas que podemos considerar y hacer. No necesitas hacer un cambio drástico en tu estilo de vida. No tienes que decirle a nadie que estás en el camino de la iluminación, aunque los demás te verán cada vez más feliz y realizado.

El proceso que conduce a la iluminación es gradual y requiere paciencia, pero por fortuna el simple hecho de ir en su búsqueda rinde frutos aquí y ahora. Cualquier paso que des rumbo a tu conciencia fundamental —tu estado estacionario, tu ser auténtico— eliminará algunas causas de infelicidad en tu vida. Al mismo tiempo, florecerá esa felicidad innata que es tu derecho de nacimiento. Tu camino, pues, tiene un doble propósito: disipar la oscuridad y revelar la luz.

Toma conciencia de tu cuerpo

Tu cuerpo y el universo constituyen un mismo campo de energía, información y conciencia. El cuerpo es tu conexión con la computadora cósmica, que organiza simultáneamente una infinidad de sucesos. Al escuchar tu cuerpo y responderle de manera consciente accedes al campo de las posibilidades infinitas, un lugar donde de manera natural se experimentan paz, armonía y alegría.

No más que un templo en el universo
[…] y es el cuerpo humano.

THOMAS CARLYLE

Tu guía más confiable hacia la felicidad es tu cuerpo. El cuerpo está diseñado para sustentar el alma, y al trabajar juntos generan un estado conocido como felicidad. Si estás indeciso sobre hacer o no algo, pregunta lo siguiente a tu cuerpo: "¿Qué sientes al respecto?" Si responde con una señal de perturbación física o emocional, reconsidera. Si envía una señal de bienestar y entusiasmo, actúa. Mente y cuerpo conforman un mismo campo, y la separación que normalmente hacemos de ambos es artificial. Toda experiencia tiene un componente físico. Si tenemos hambre, la mente y el estómago tienen hambre a la vez. Si vivimos una experiencia espiritual inusitada, nuestras células cardiacas y hepáticas la comparten. Es imposible tener pensamientos, sensaciones o sentimientos sin una respuesta del cuerpo.

La primera clave de la felicidad nos dice que al tomar conciencia de nuestro cuerpo nos conectamos con el campo subyacente de las posibilidades infinitas. ¿Por qué nos parece que mente, cuerpo y espíritu están separados, cuando no es así? Por nuestra falta de conciencia. La conciencia tiene enorme poder. Se sintoniza con cada una de nuestras células. Regula las innumerables interacciones del cuerpo. La conciencia es el agente invisible y silencioso que comunica al cuerpo lo que la mente piensa, y al mismo tiempo envía la respuesta del cuerpo para que la mente se sienta apoyada y comprendida. Por ejemplo, al tener la experiencia de ser amado, tu mente comprenderá que eres amado, tus células se nutrirán de ese amor, y tu alma se alegrará de que hayas alcanzado la fuente del amor. Todas las cosas buenas empapan la totalidad de tu ser.

Cuando mente, cuerpo y espíritu están en armonía, la consecuencia natural es la felicidad. Por otro lado, la ausencia de armonía se manifiesta en malestar, dolor, depresión, ansiedad y enfermedad en general. La infelicidad es una reacción: indica discordancia en alguna parte del campo, ya sea la mente, el cuerpo o el espíritu. La conciencia se ha desconectado. Es sólo con esta mirada holística que podemos vincular la salud, la totalidad y lo sagrado, pues los tres comparten la misma raíz etimológica (en inglés) así como el mismo estado de armonía o discordancia. Hay un refrán que dice: "Los conflictos están en los tejidos", y se refiere a que problemas psicológicos como ira, depresión, neurosis, hostilidad y ansiedad generalizada no son exclusivamente emocionales sino que tienen una contraparte cerebral, y mediante el sistema nervioso central, el cerebro comunica a cada célula y tejido del cuerpo que hay un conflicto.

La totalidad del campo se estremece ante la más leve punzada de dolor o placer. En otras palabras, el campo es consciente. Cuando intencionalmente prestamos atención a lo que dice nuestro cuerpo, esta conciencia aumenta de manera drástica. Conciencia no es lo mismo que pensamiento. Una madre es consciente de lo que siente su hijo sin necesidad de pensar "X está molestándolo" o "Z salió mal". La conciencia es intuitiva. Todo lo que debemos hacer es prestar atención para que la conciencia nos dé acceso a cada rincón del campo infinito. Es como conectarnos a la computadora cósmica, pues cuando do el campo organiza la parte más pequeña de la creación, organiza también la totalidad.

También ocurre lo contrario. Cuando dejamos de prestar atención, se presentan trastornos en muchos niveles y de manera simultánea. Las vías de información entre la mente y el cuerpo dejan de funcionar adecuadamente. El flujo de energía y nutrimentos necesarios para las células disminuye. Cuando no prestamos atención al cuerpo lo ponemos en un predicamento similar al de un niño desatendido: ¿cómo podríamos esperar un desarrollo normal en un pequeño cuyos padres no le prestan atención, ignoran sus reclamos y les da igual si es feliz o desdichado? Podemos plantear la misma pregunta respecto al cuerpo, y la respuesta será la misma. El cuerpo no detiene su desarrollo hacia los 20 años de edad, etapa que arbitrariamente llamamos madurez. Los cambios continúan, incluso a nivel genético. El cambio nunca es neutral: conduce al crecimiento, al desarrollo y a la evolución, o bien en dirección contraria, hacia la decadencia, el deterioro y el desorden. La diferencia radica en cómo prestamos atención, pues ésta es nuestra conexión con el campo de las posibilidades infinitas.

El campo posee ciertas características o atributos que dan sustento a la mente, al cuerpo y al espíritu. Existen tres que contribuyen de manera especial a la felicidad. La primera es la inteligencia. Cuando escuchamos a nuestro cuerpo vislumbramos la mente del universo. Esto supone muchas actividades simultáneas. El cuerpo humano puede pensar, tocar el piano, secretar hormonas, regular la temperatura dérmica, matar gérmenes, desechar toxinas y gestar un bebé, todo al mismo tiempo. Es un alarde milagroso de inteligencia. Esta inteligencia también nos permite tomar decisiones en favor de nuestra realización.

La realización es un concepto misterioso para muchas personas, pero podemos descomponerlo en sus partes más simples. La realización es el resultado de pensamientos correctos, sentimientos correctos y acciones correctas. Cada uno de éstos se encuentra vinculado al cuerpo. No podemos concebir límites artificiales entre la célula hepática que toma una decisión correcta y la mente que toma una decisión correcta. La inteligencia abarca ambas. Si comete un error en el ámbito químico o genético, la célula muere o se vuelve maligna. La mente distingue el bien y el mal en un nivel distinto: el de la ética y la moral. Las emociones tienen un nivel propio y distinguen los sentimientos que nutren y aquellos que son tóxicos, las relaciones amorosas así como las dañinas. Cuando tenemos conciencia del cuerpo y de lo que nos dice, la calidad de la inteligencia se magnifica. Su alcance es infinito. Al tiempo que lleva a cabo incontables procesos físicos, el cuerpo humano sigue el movimiento de estrellas y planetas, pues los ritmos biológicos no son sino la sinfonía del universo entero. Por eso lo llamamos universo: "un verso", "una canción".

El segundo atributo del campo es la creatividad. Hace que el flujo de la vida sea siempre fresco y nuevo, combate la inercia, disipa el hábito. Casi siempre, el cuerpo parece estancado en la rutina: las respiraciones se suceden siempre iguales; cada latido del corazón es igual al anterior. Para procesar los alimentos y el aire, el cuerpo debe repetir incesantemente y con gran exactitud los mismos procesos químicos. No hay lugar para la improvisación. Sin embargo, tiene también una milagrosa flexibilidad que le permite adaptarse a situaciones inéditas. Cuando decidimos hacer algo nuevo —tener un bebé, correr un maratón o escalar una montaña—, miles de millones de células se adaptan a esa intención. Esta flexibilidad no es mecánica; no es como cuando pisas el acelerador y tu auto avanza más rápido. El cuerpo se adapta de manera creativa.

Esto puede observarse en la creatividad con que pensamos y hablamos. No hace falta que dos pensamientos sean idénticos; dos oraciones no necesitan tener exactamente las mismas palabras. El cerebro despliega una pauta de actividad neurológica para ajustarse a cualquier pensamiento u oración, incluso si dicho pensamiento u oración no había aparecido nunca en la historia del universo. La antigua tradición védica de la India equiparaba la creatividad con *Ananda*, dicha. Comúnmente entendemos esta palabra como alegría intensa, pero las células tienen una forma particular de dicha que se manifiesta como vitalidad, flujo y dinamismo infinitos.

Somos dichosos cuando estamos más vivos. En ese estado nos parece que todo es posible. El cuerpo deja de ser una carga y nos sentimos ligeros como el aire. No hay nada viejo ni corrompido. Nuestro potencial creativo se pone en marcha. La creatividad depende de la capacidad de la vida de renovarse constantemente, y dicha capacidad se cimienta en la dicha. No necesitamos forzarnos a ser dichosos —sería en vano— sino a ser conscientes. La dicha es innata en la conciencia, la cual es vivaz, efervescente y alegre por naturaleza. La ausencia de estas cualidades puede corregirse simplemente accediendo a un nivel más profundo de conciencia.

El tercer atributo del campo es el poder. Aunque las células operan en el nivel microscópico, tienen el poder para sobrevivir, desarrollarse y evolucionar en entornos que erosionan cordilleras enteras y secan vastos y milenarios océanos. Poder no significa agresión. El mayor poder es el que no se ve ni se siente, el que organiza un billón de células para formar un organismo que funciona sin traba; el que defiende al cuerpo de cualquier virus y germen que pudiera dañarlo, e identifica la aparición del cáncer.

También sería artificial establecer fronteras alrededor de esta característica del campo. Mente, cuerpo y espíritu manifiestan el poder de maneras peculiares. La mente lo hace como atención e intención, convirtiendo los pensamientos intangibles en logros manifiestos. El cuerpo manifiesta el poder mediante la fuerza física y la resistencia, pero también al organizar incontables procesos en un todo coherente. El espíritu manifiesta el poder al convertir el potencial puro en realidad. Según la antigua tradición de la India, el poder espiritual llamado *Shakti* es el más elemental. Si posees el Shakti puedes volver visible lo invisible. Todo lo que imaginas se convierte en realidad. No existen obstáculos entre tu deseo y su realización.

Shakti no es un concepto místico. Es un rasgo innato de la conciencia sin el cual las moléculas invisibles de oxígeno vagarían de manera casual por la atmósfera. Si añadimos la conciencia, esas mismas moléculas llevarán vida a cada una de las células del cuerpo. En un plano más profundo, Shakti nos permite co-crear el universo. Los seres humanos no somos observadores pasivos del cosmos. El universo entero está manifestándose en ti en este preciso instante. Se conoce a través de ti cuando la conciencia se vuelve sobre sí misma. Así como un transformador reduce el tremendo voltaje que corre por los cables de alta tensión, nuestro cuerpo reduce la energía del universo a la escala humana. El poder es el mismo. La carga eléctrica infinitesimal emitida por una sola neurona es idéntica a la tormenta electromagnética de una galaxia entera. Este poder fluye a través de la conciencia, por lo que cada vez que tomas conciencia de algo, interno o externo, aumentas tu poder en el universo.

Quiero que comprendas que este sencillo acto —tomar conciencia de tu cuerpo— libera inteligencia, creatividad y poder. Tener conciencia no es trivial y tampoco es opcional. Cuando dejas de prestar atención por estar distraído o sentirte deprimido, inquieto, desdichado o ansioso, se interrumpe el flujo de inteligencia, creatividad y poder. La decadencia y la enfermedad "normales" de la vejez son en realidad el resultado anormal de la disminución de la conciencia, que todas las células resienten y padecen.

Una manera básica para tomar conciencia es asentarte en tu cuerpo. Esto no tiene mayor misterio: sólo sintonízate con lo que siente. Por ejemplo, imagina que vas manejando y un auto se te cierra. Tu reacción normal es sentirte perturbado o molesto; cuando te sientes así pierdes el vínculo calmo y relajado que te conecta con el campo. Entonces intenta lo siguiente: en vez de sentirte perturbado por la irrupción, simplemente vuélcate a tu interior y percibe las sensaciones de tu cuerpo. Respira hondo: es una manera fácil de retomar la conciencia del cuerpo. Mantén tu atención en esas sensaciones molestas hasta que desaparezcan. Lo que acabas de hacer es romper la cadena estímulo-respuesta con un vacío, un intervalo sin reacción. Esto evita que la reacción se siga alimentando de sí misma. También recuerda al cuerpo su estado normal de autorregulación armoniosa y coordinada. Y te asienta. La autorregulación armoniosa es el estado fundamental del cuerpo. El estrés nos arrastra a un estado distinto de respuestas biológicas intensificadas, que desatan un torrente de hormonas, incrementan la frecuencia cardiaca, hipersensibilizan los sentidos y acarrean muchas otras reacciones secundarias. Pero todas éstas son temporales; son sólo medidas de emergencia. Si permitimos que la reacción del estrés se convierta en hábito, perturbamos la armonía del campo. El estado fundamental de conciencia relajada intenta coexistir con el estado agitado de la respuesta al estrés, pero no pueden mezclarse; no están hechas para existir al mismo tiempo.

Cuando nos sentimos distraídos, abrumados, estresados o eclipsados, tendemos a escapar. La negación es una forma de escape. Distraernos mediante el trabajo excesivo es un escape. Alterar la mente con drogas y alcohol es un escape. Lo que tienen en común es la falta de conciencia. Nos insensibilizamos o distraemos creyendo erróneamente que la conciencia solamente intensificaría el dolor. Todo lo contrario. La conciencia sana porque es verdaderamente plena, y la sanación es básicamente el regreso a la plenitud.

La ciencia apenas empieza a comprender el fenómeno de la sanación. Nuestro cuerpo evolucionó durante millones de años para regular simultáneamente miles de procesos microscópicos. La enfermedad se presenta cuando el cuerpo olvida cómo autorregularse; la sanación se presenta cuando el cuerpo recuerda cómo autorregularse.

Por ejemplo, podemos estar expuestos a la bacteria del neumococo, pero la exposición no basta para provocar una infección. Si el cuerpo sabe generar el anticuerpo adecuado no contraeremos neumonía, y esa capacidad se reduce en última instancia a la conciencia. El sistema inmune reconoce un invasor, lo identifica, y solicita la intervención adecuada. Todas estas acciones son conscientes. La sanación sólo puede entenderse si la mente es tan consciente como el cuerpo. En la ciencia médica hemos aislado el sistema nervioso, el sistema endocrino, el sistema cardiovascular, pero pasamos por alto el sistema de la sanación. Es invisible, comprende todas las partes del cuerpo, y responde al susurro inmaterial de pensamiento y sentimiento. Y sin embargo no hay nada más inteligente, creativo y poderoso que el sistema de la sanación, justo el que seguimos ignorando.

La sanación debe ser tan continua como la respiración, no un proceso aislado para rechazar una enfermedad: debe significar comunicación constante con el campo. Ya analizamos el paso más importante: tomar conciencia de las sensaciones del cuerpo. Otra cosa que puedes hacer es empezar a tomar conciencia del campo que unifica todo de manera invisible. ¿Cómo? Normalmente pensamos en cosas, personas y acontecimientos, toda clase de estímulos externos; ahora, *intenta observar el espacio entre las cosas*. Si estás mirando a una persona, dirige tu atención al espacio que te separa de ella. El campo está donde pensamos que no hay nada: en el espacio entre pensamientos, entre objetos, entre una respiración y otra, entre movimientos. Se trata del mismo espacio, pero lo que llamamos "nada" es falta de conciencia. Si eres consciente, el espació está lleno, es rico, dinámico. Es el campo del potencial puro, la región ignota de donde surgirá el instante siguiente y todo lo que éste conlleve.

El espacio siempre está en calma, por lo que al dirigirle tu atención calmas la mente. Al mismo tiempo, tu cuerpo puede empezar a desechar la frustración, la tensión y los residuos acumulados del estrés pasado. En este estado de profunda relajación, la sanación está más activa. El cuerpo necesita desechar la energía atascada en emociones, recuerdos y experiencias traumáticas del pasado. Lo deseable sería no identificarnos con estas influencias negativas, no aferrarnos a ellas ni transmitirles más energía, pero todos lo hacemos. Cargamos al cuerpo con exigencias excesivas, consciente e inconscientemente, y con ello le impedimos relajarse.

Si no estás seguro de que tu cuerpo está operando bajo el peso de estas exigencias, puedes comprobarlo fácilmente. Sólo relájate, quédate tranquilo y dile a tu cuerpo que puede hacer todo lo que quiera. Pueden presentarse cualquiera de las siguientes manifestaciones: suspiros profundos, somnolencia, surgimiento de recuerdos, sensaciones físicas inesperadas (por lo general malestar o rigidez), emotividad espontánea, probablemente lágrimas, y sensación de alivio. Todas son señales del cuerpo, de que necesita espacio para sanar y renovarse.

Si actualmente tu cuerpo está en un estado de autosanación sin resistencia, el experimento producirá el efecto contrario. Si permaneces tranquilo y le dices a tu cuerpo que haga lo que quiera, se presentará alguna de las siguientes manifestaciones: una sensación de profunda quietud y paz; leve efervescencia; ligereza; alegría desbordante, si bien sutil, y admiración ante lo desconocido que se asoma a través de la máscara de la existencia material.

En otras palabras, cuando tu cuerpo se encuentra en su estado natural, experimentas felicidad. Cuando eres feliz en este nivel de normalidad, recuerdas quién eres en realidad. Tu conciencia alcanza la realización porque en cada célula hay un estado de conocimiento, alegría y la certeza de la inmortalidad. En la India lo llamamos *Sat Chit Ananda,* o conciencia de la dicha eterna. En este estado del ser, el cuerpo se sana mediante el conocimiento de sí mismo. ¿Qué es lo que conoce? Que los mayores atributos de lo divino —omnisciencia, omnipotencia y omnipresencia— son en realidad los factores básicos de la vida.

Para activar la primera clave en mi vida cotidiana, me prometo hacer lo siguiente:

1. Tomaré decisiones para maximizar la energía de mi cuerpo. Mi cuerpo es mi conexión con la fuente infinita de energía del universo. Si siento falta de energía, de una u otra forma, es porque estoy oponiendo resistencia al flujo de esta fuente infinita. Preguntaré a mi cuerpo qué necesita y seguiré sus consejos. El estado ideal es una ligereza en la que no me siento limitado por mi cuerpo. Él y el universo son uno.

2. Antes de dejarme llevar por las emociones consultaré con mi corazón. Mi corazón es una guía fidedigna cuando confío en él. Me ayuda a sentir empatía, compasión y amor. El corazón es la sede de la inteligencia emocional. La inteligencia emocional me permite establecer contacto con mi yo más profundo. Me recuerda que debo verme en el prójimo, y con ello enriquece todas mis relaciones.

3. La sensación de ligereza al estar en mi cuerpo será mi indicador de felicidad. Si me siento pesado o torpe en mi cuerpo prestaré atención, pues estas sensaciones son señal de que estoy padeciendo por la inercia y la fuerza del hábito, en vez de vivir el

potencial de cada momento para la innovación y la renovación de la vida. La mejor manera de reponer mi cuerpo es darle lo que más necesita, sea sueño, descanso, nutrición, la alegría del movimiento o la comunión con la naturaleza.

Descubre la verdadera autoestima

La autoestima auténtica no tiene que ver con mejorar tu imagen pública. Ésta depende de lo que otros piensan de ti. El ser auténtico está más allá de las imágenes. Se encuentra en un nivel de la existencia independiente de las buenas o malas opiniones de los demás. Es intrépida. Su valía es infinita. Cuando cimientes tu identidad en tu ser verdadero, y no en tu imagen pública, hallarás una felicidad que nadie podrá arrebatarte.

Tú mismo, al igual que todos en el universo, mereces tu amor y afecto.

BUDA

No anheles ser sino lo que eres, y esfuérzate por serlo a la perfección.

SAN FRANCISCO DE SALES

La felicidad es natural para la vida porque forma parte del ser. El conocimiento de nosotros mismos nos da acceso a la fuente de la felicidad. Sin embargo, la mayoría se identifica erróneamente con su imagen pública. Dicha imagen se forma cuando nos identificamos con factores externos: personas, sucesos y situaciones, así como objetos. Por ejemplo, las personas buscan el dinero creyendo que mientras más tengan, más felices serán. Aunque todos hemos oído que el dinero no compra la felicidad, la ambición por el dinero no ha desaparecido porque nos identificamos intensamente con cuánto dinero podemos ganar, cuán bueno es nuestro empleo y la clase de objetos que poseemos. Dinero, estatus, posesiones y la opinión de los demás influyen poderosamente en lo que creemos ser.

Por un lado buscamos la aprobación de los demás porque nos hace sentir bien con nosotros mismos; por otro, tememos la desaprobación porque nos hace sentir mal. Esto supone una existencia centrada en los objetos, es decir, la identificación con los objetos externos. Lo opuesto a la existencia centrada en los objetos es la que está centrada en el ser, es decir, la identificación con nuestro ser auténtico, una experiencia completamente interna. El ser auténtico tiene cinco atributos, los cuales no se originan en objetos o sucesos externos, ni en otras personas.

1. El ser auténtico está conectado con todo lo que existe.
2. No tiene limitaciones.
3. Su creatividad es infinita.
4. Es intrépido y no teme a lo desconocido.
5. En el nivel del ser, la intención es poderosa y puede orquestar la sincronicidad (un acoplamiento perfecto de circunstancias externas que manifiestan la intención).

Al cimentar nuestra identidad en el ser auténtico podemos desarrollar una vida de abundancia, alegría y realización. La adhesión a los objetos externos nos deja atascados en un nivel superficial de la existencia. No tenemos por qué vivir ahí. En los niveles más profundos podemos manifestar nuestros deseos más íntimos. Si se lo permitimos, nuestro ser auténtico puede generar todas las situaciones, circunstancias y relaciones de nuestra vida.

Si no estás manifestando tus deseos más íntimos es porque tienes una idea equivocada de quién eres. La existencia centrada en los objetos remplaza nuestra identidad real con una falsa. En la India, dicho estado recibe el nombre de *avidyā*, la ausencia de conocimiento verdadero. Un antiguo refrán equipara avidyā con un millonario que recorre las calles como indigente porque ha olvidado que guarda en el banco una enorme fortuna.

Si no recordamos quiénes somos, no nos queda más remedio que recurrir a nuestro ego. La existencia centrada en los objetos genera una identidad a partir de los acontecimientos y circunstancias de nuestro pasado, comenzando con el día en que nacimos. Si lo analizamos detenidamente, podremos ver que el ego es en realidad bastante inseguro. Es adicto a la aprobación, el control, la seguridad y el poder. No hay nada malo con estas cosas; el problema está en volvernos tan adictos a ellas que sin aprobación, control, seguridad y poder nos sintamos perdidos y atemorizados. Como en toda adicción, al principio resulta placentero que el ego lleve las riendas. "Tengo el control; los demás hacen lo que yo digo." "Me siento seguro porque nadie se me opone." "Soy poderoso porque los demás se sienten inferiores en mi presencia." El ego intenta construir todas estas situaciones y puede hacerlo, al menos parcialmente. Sin embargo, el placer desaparece pronto, corroído por la duda y el temor. Aquellos a quienes controlamos y sometemos pueden hacer lo mismo con nosotros.

Es muy fácil saber en qué media te identificas con el ego. Éste tiene las características opuestas a las del ser auténtico.

1. El ego se siente aislado y solo. Para sentirse valioso necesita la validación externa.
2. El ego se siente limitado y atado. Si no ejerce poder y control sobre los demás, teme que su impotencia salga a la luz.
3. El ego prefiere la rutina y el hábito a la creatividad. Encuentra seguridad en hacer las cosas igual que ayer.
4. El ego teme lo desconocido más que ninguna otra cosa. Para él es un lugar oscuro y vacío.
5. El ego lucha por obtener lo que quiere. Da por hecho que sólo mediante la lucha puede satisfacer sus necesidades; esto refleja profundas carencias internas.

Como puedes ver, para el ego todo gira en torno a la inseguridad. Una vida centrada en él nos pone a merced de cualquier desconocido que pase por la calle. Un halago nos alegra; un comentario sarcástico nos hiere. ¿Cómo hacemos el cambio a nuestro ser auténtico? Muchos lo intentan combatiendo al ego, pero esto resulta contraproducente. Es el típico melodrama del ego: luchar y nunca alcanzar satisfacción, paz y felicidad auténticas. En cualquier caso, el ego se resistirá al cambio porque percibe la búsqueda de tu ser verdadero como su propia destrucción.

Este temor carece de fundamento. El ser auténtico logra todo lo que el ego desea —paz, realización, alegría, una sensación de completa seguridad— porque todas estas cualidades residen en el ser. No necesitamos luchar para alcanzarlas. El verdadero problema es que el camino en que nos puso nuestro ego siempre fue el equivocado. Si no obtiene lo que quiere, se deprime y se siente un fracasado. No entiende que no hay fracaso si lo que deseábamos era inalcanzable.

El ego nunca ha seguido el camino correcto. La existencia centrada en los objetos nunca proporcionará seguridad, realización ni satisfacción. La pregunta es cómo convencer al ego de su equivocación y, al mismo tiempo, terminar con este hábito de toda la vida de identificarnos con los objetos externos.

Para empezar, toma conciencia de lo que estás haciendo. Casi todos andan buscando la aprobación de los demás, repitiendo una pauta que se remonta a la infancia, cuando sentíamos que debíamos ganarnos el amor de nuestros padres. Sin él nos hubiéramos sentido completamente perdidos, hubiéramos pensado que moriríamos, y probablemente así hubiera sido. Pero ahora somos adultos. Observa cuán mal te sientes todavía ante un desaire insignificante; cuán herido te sientes cuando alguien a quien amas no te presta suficiente atención o parece distante. Toma conciencia de estos sentimientos habituales. El recuerdo de heridas pasadas nos hace prestar una atención excesiva a lo que un desconocido piense de nosotros. Las necesidades emocionales de un niño le dificultan entender que un ser amado simplemente necesita algo de espacio de vez en cuando.

Una vez que abras la puerta a la conciencia, no combatas el miedo y la inseguridad que has liberado. La conciencia tiene el poder de sanar si simplemente observas y dejas que las cosas pasen. Si sufres un desaire y te sientes herido, permanece con ese sentimiento y se disipará. Tu ego quiere que recuerdes el pasado debido a la creencia errónea de que debes estar a la defensiva siempre. Al recordar lo que alguna vez nos lastimó dirigimos nuestras energías a evitar que ese dolor se repita. Pero tratar de imponer el pasado al presente no eliminará la amenaza de salir lastimados.

Para corregir este error debes preguntarte: "¿Conozco este sentimiento doloroso? ¿Es antiguo o nuevo?" Si eres honesto verás inmediatamente que es muy antiguo. El pasado te acecha. Ahora pregúntate: "¿Qué beneficios me ha traído recordar mis heridas pasadas?" Una vez más, si eres honesto verás que no te ha hecho ningún bien. Si el recuerdo del dolor pasado evitara que sintieras dolor aquí y ahora, no te sentirías tan mal. No serías tan vulnerable a la desaprobación externa. Si tu ego estuviera en lo correcto, no guardaría esa colección tóxica de antiguos dolores.

Mediante la conciencia es posible desactivar esos antiguos dolores, desechando la creencia de que te hacen algún bien. El ego sabe persuadirte sutilmente de que debes repetir hoy todas aquellas tácticas que ayer no dieron resultado. En vez de seguirle el juego, simplemente observa lo que sucede. No es tan sencillo porque tiene su lado positivo: el pasado también contiene momentos de alegría, éxito, amor y realización. Mostrando esas experiencias positivas, el ego susurra: "¿Lo ves? Estás en el camino correcto. Te traeré más de lo mismo. Confía en mí".

Al utilizar la inseguridad del pasado y mezclarla con recuerdos satisfactorios, el ego te convence de una ilusión: que un día tu imagen propia será ideal. Mirarás al espejo y verás sólo las cosas buenas que dieron origen a tu imagen propia y ninguna de las malas. Irónicamente, al perseguir un ideal terminas perdiendo tu ser verdadero, que es, por principio de cuentas, ideal.

En vez de perseguir tu imagen propia ideal, ríndete a la simplicidad e inocencia del ser. Una vez que conoces quién eres en realidad, ser es suficiente. Ya no es necesario luchar. Tu ser verdadero es el ser del universo. ¿Qué más podrías desear? Cuando eres creativo, intrépido, capaz de entrar en lo desconocido y tienes el poder de la intención, todo se te ha otorgado.

La conciencia requiere práctica y paciencia. El fruto tarda en madurar antes de caer. Pero conforme profundizas en el proceso, notarás más tranquilidad, alegría y sincronicidad en tu vida. Son señales de que estás conectado con tu ser verdadero.

Recuerda: el ego ha moldeado durante años la percepción de tu ser, ésta se ha vuelto automática. Incluso quienes han aceptado la visión de un ser verdadero intentan combatir sus malos hábitos adoptando regímenes y disciplinas que supuestamente conducen a la autorrealización. Pero piensa qué significa autorrealizarse. Una persona autorrealizada no necesita la aprobación de los demás y está más allá de las críticas y los halagos; alguien que no se siente superior ni inferior a nadie; alguien intrépido porque no está atado a la influencia de situaciones, circunstancias, sucesos o relaciones. Es imposible desarrollar esas cualidades a partir de los materiales que provee el ego. Todo lo que el ser verdadero representa es ajeno a la imagen que el ego ha construido para sentirse bien consigo mismo.

No debemos olvidar qué es real y qué es ilusorio:

- La abundancia es real. La carencia es ilusoria.
- Ser bueno es real. Esforzarse para ser bueno es ilusión.
- Rendirse es real. Aferrarse es ilusión.
- Este momento es real. El pasado es ilusión.
- Tú eres real. Quien crees ser es ilusión.

La existencia centrada en el ser te permite ver —y aceptar— la realidad. Al volcarte hacia el exterior no haces sino reforzar la irrealidad, y la irrealidad es lo que nuestra cultura vende, por desgracia. Cuando te sorprendas tratando de impresionar a alguien, haz una pausa. Considera lo que está ocurriendo. Pregúntate: "¿Qué interés tiene esta persona en saber si soy mejor o peor que ella? Porque ambos tenemos las mismas referencias externas. Me necesita tanto como yo a ella". Observa cuánto te esfuerzas en impresionar a personas que seguirán su camino e intentarán a su vez impresionar a otros. El ciclo no tiene fin porque se basa en la inseguridad mutua.

Sin embargo, cuando centramos nuestra existencia en nuestro ser verdadero, este comportamiento contraproducente termina. Tú eres el único que puede determinar tu valía, y tu objetivo es encontrar valía infinita en tu ser, sin importar lo que piensen los demás. Este conocimiento da una gran libertad. Recuerdo haber leído sobre un gran pianista ruso cuyo talento asombraba a todos, incluso a sus colegas rivales. Había aprendido prácticamente todas las piezas de música clásica para piano y su memoria era infalible. Su técnica, sobrehumana. Pasajes sumamente difíciles eran juego de niños para él. No obstante, cuando visitaba a sus amigos no esperaba muestras de respeto o admiración. Nunca buscaba llamar la atención. A la hora de dormir le bastaba acurrucarse con una cobija bajo el piano, en la sala de estar.

Ya imaginarás en qué concepto lo tenían sus amigos. Sentían por él más respeto y admiración que si él lo hubiera pedido o si creyera merecerlo. Hay una grandeza natural en la inocencia y la simplicidad. Esta cualidad no puede fabricarse. Tu ser la irradia, y sólo al descubrir tu ser verdadero podrás irradiar la belleza y la verdad innatas a la vida.

Para activar la segunda clave en mi vida cotidiana, me prometo hacer lo siguiente:

1. Observaré, sin juzgar, mi comportamiento en situaciones difíciles. Simplemente lo presenciaré hasta dejar de sentirme presionado o afligido. Como el ego es una versión muy estrecha de mi ser verdadero, crea la sensación de rigidez y contracción en el cuerpo. Esto se siente usualmente en pecho, corazón, estómago, plexo solar, hombros, cuello o espalda. Cada vez que mi ego intente tomar el control de una situación sentiré molestia en una de estas partes. En ese momento bastará tomar conciencia de que mi ego está generando esa sensación. Al observar lo que hace el ego puedo diferenciarme de una idea falsa de mi ser.

2. Cuestionaré mis motivos en las decisiones que tomo. Los motivos del ego surgen siempre de su adicción al poder, control, seguridad y aprobación. Los motivos del ser verdadero surgen siempre del amor. Hoy iniciaré el cambio a mi ser verdadero tomando conciencia de mis motivos y observando cuántos surgen del amor y cuántos del ego.

3. A la hora de dormir haré un recuento del día y observaré como un espectador imparcial todo lo

ocurrido. Dejaré que la jornada corra como una película. Al mirarla tomaré conciencia de cuándo actué a partir del ego y cuándo a partir de mi ser verdadero.

Desintoxica tu vida

Nuestro estado natural se caracteriza por la alegría, la tranquilidad y la realización espontánea. Cuando no experimentamos este estado es porque hay contaminación en nuestro cuerpo o en nuestra mente. Dicha contaminación puede ser el resultado de emociones, hábitos o relaciones tóxicos, así como de sustancias tóxicas. Todos éstos han echado raíces en la mente como resultado del condicionamiento. Por lo tanto, la solución a la toxicidad está en el nivel donde la mente ha perdido su estado natural. Este condicionamiento empieza muy temprano en la vida. Los primeros síntomas son emociones tóxicas como ira, ansiedad, culpa y vergüenza. A medida que crecemos aparecen la baja autoestima, las relaciones tóxicas y los desequilibrios en nuestro estilo de vida. Para desintoxicar tu vida debes dar marcha atrás a todo este condicionamiento.

¿Quién puede subir al monte del Señor?
¿Quién puede estar en su lugar santo?
Sólo el de manos limpias y corazón puro.

Salmo 24

Las raíces de la infelicidad suelen ser invisibles, y es así especialmente en el caso del condicionamiento que genera toxicidad en la vida de las personas. El condicionamiento más poderoso se produce en un nivel sutil de la mente. Comienza en el primer año de vida, cuando el cerebro del bebé aprende a pensar, sentir y comportarse a partir de sus experiencias en casa. Entre los dos y tres años de edad, el condicionamiento se convierte en un rasgo dominante.

Es en esa época cuando nuestro cerebro desarrolla pautas que durarán toda la vida. Incluso ahora sigues repitiendo escenarios que aprendiste a los dos o tres años. Pongamos como ejemplo un niño que va por la calle con su madre. Ve una paleta gigante y quiere una. ¿Qué hace? La pauta más común es la siguiente: primero se muestra simpático y pide a su madre con voz suplicante que se la compre. Si la táctica no funciona, intenta lo opuesto, actuar groseramente: lloriquea, grita y hace un berrinche. Si esto no funciona, el siguiente paso es actuar con rebeldía e indiferencia. Su madre no quiere verlo triste ni enojado, pero él se rehúsa a prestarle atención. Es un enfoque más sutil que la simpatía y la grosería. Si la rebeldía falla, el último recurso es adoptar el papel de víctima (pobre de mí, nadie me quiere lo suficiente como para comprarme una paleta). Cuando la madre finalmente cede, el niño queda condicionado: piensa que ha descubierto algo que "sí funciona". Por simple que parezca este ciclo emocional, millones de adultos siguen representándolo, con la creencia de que sus tácticas "funcionan" para obtener lo que quieren. El problema con este condicionamiento es que mediante la manipulación de los demás nunca obtendrás lo que en realidad deseas: amor, tranquilidad y felicidad. Debido a que el condicionamiento implanta en el cerebro una idea equivocada de la felicidad, lo que estás haciendo es manipularte a ti mismo. Te conviertes en una de esas personas que no conocen otra cosa que ser simpáticas, groseras, rebeldes o hacerse las víctimas.

El condicionamiento es la forma más sutil de la toxicidad. Para alcanzar la felicidad auténtica es indispensable escapar de nuestro condicionamiento mental. En nuestra sociedad ha surgido el interés por llevar una vida más natural, libre de sustancias tóxicas. Cualquier clase de purificación puede ser benéfica, pero el secreto para desintoxicar el cuerpo está más en la mente que en ningún otro sitio. Los pasos para librarte de toxinas en el nivel sutil son siete:

Paso 1. Asume la responsabilidad de tu respuesta actual.

Paso 2. Presencia lo que estás sintiendo.

Paso 3. Da un nombre a tu sentimiento.

Paso 4. Expresa lo que sientes.

Paso 5. Comparte lo que sientes.

Paso 6. Libérate del pensamiento tóxico mediante el ritual.

Paso 7. Celebra la liberación y sigue adelante.

Estos siete pasos sirven para liberarse de emociones, hábitos, deseos o relaciones tóxicos, pues todos son resultado de tu condicionamiento temprano.

Asume la responsabilidad. Para empezar, renuncia a culpar y a sentirte culpable. Para escapar de la infelicidad debes encontrar una manera original de modificar tu respuesta condicionada, la cual se fundamenta en el pasado. Si no asumes tu responsabilidad estás poniendo tu destino en manos de otro. Si culpas a alguien más, estás esperando que esa persona cambie para sentirte mejor. ¿Cuánto tiempo tomará? Puede que esperes por el resto de tus días. Ya bastante difícil es cambiar uno; libérate de la necesidad de cambiar a los demás.

Presencia lo que estás sintiendo. El condicionamiento hace que sientas lo mismo cada vez que enfrentas una misma situación. Esto resulta frustrante porque tan pronto resurge la vieja respuesta te enredas en ella. Lo que necesitas es un lugar despejado, el lugar para presenciar. Presenciar significa estar presente con tu emoción sin que ésta te arrastre. La mejor manera de presenciar es identificar en qué parte de tu cuerpo se localiza el sentimiento. Las emociones tóxicas suelen ubicarse en alguno de los centros sutiles conocidos en sánscrito como *chakras.* La ira se siente en el intestino, el nerviosismo en el estómago, el temor en el corazón, la frustración en la garganta, la tensión sexual en la zona genital. Pero no hace falta entrar en honduras. Cuando se les pregunta qué clase de sentimiento tóxico tienen, la mayoría de las personas menciona temor e ira. Cuando tengas estos sentimientos no te preocupes por lo que "quieren decir"; siente en qué parte de tu cuerpo se están expresando. Al localizar el sentimiento en tu cuerpo eludes el parloteo mental que lo mantiene vivo.

Da un nombre al sentimiento. Cualquiera que sea la sensación que encuentres en tu cuerpo, dale un nombre. Utiliza palabras sencillas: temor, ira, hostilidad, frustración, vergüenza, culpa, celos. Evita palabras sentenciosas como traicionado, decepcionado o herido, las que supongan culpar a otro. Nombrar el sentimiento es una manera de reconocer lo que estás enfrentando. Tu simplicidad y sinceridad te mantendrán al margen de las extensas y complicadas historias que solemos repetir cuando nos enojamos. Todas esas historias tienen un mismo tema: el pasado. Tus sensaciones y emociones están en el presente.

Expresa el sentimiento. Cualquier emoción se vuelve tóxica si la reprimimos. Al expresarla la liberamos, con lo que el cuerpo y el alma se purifican. No se trata de expresar cuánto odias o cuánto culpas a otra persona, pero como naturalmente querrás contar tu versión de la historia, primero expresa tus sentimientos desde tu punto de vista, por escrito. Luego exprésalo desde el punto de vista de la otra persona, lo cual es más difícil. Finalmente, describe tu posición desde la perspectiva de un tercero, como si estuvieras escribiendo un reportaje para el *New York Times*. Cuando hayas desarrollado las tres perspectivas, el conflicto, la ira o el temor que estabas sintiendo empezará a perder energía. Lo que hiciste fue expandir tu conciencia. La expansión permite que la energía estancada fluya; la contracción convierte la energía reprimida en resentimiento. Ésta es una regla muy útil porque siempre nuestra primera reacción es ceñirnos a un punto de vista, el nuestro.

Comparte tu sentimiento. Ahora ve más allá de tu perspectiva personal y permite que otros participen. Comparte tu sentimiento con personas en quienes confíes.

Descríbeles cómo has vivido todo el proceso, incluyendo los tres puntos de vista. No te quejes ni defiendas sólo tu punto de vista. El objetivo es recibir un reflejo auténtico, que puede provenir de la persona adecuada.

Libérate mediante el ritual. Inventa una ceremonia que purifique simbólicamente tu vida de esa toxina en particular. Estarás invocando el poder milenario de los símbolos, parte integral de toda cultura. Al final del proceso descubrirás que ya no necesitas aferrarte. Preferirás ser una persona libre de ese sentimiento tóxico. Desarrolla un ritual memorable y significativo para ti: lanzar una nota al río, encomendar tus problemas a la Virgen María, arrojar al océano tus motivos de queja atados a una piedra… Cualquier ritual que te permita decir: "A partir de este instante soy libre". Puedes hacerlo en privado, aunque muchos prefieren testigos que validen su liberación y les ayuden a recordar su significado.

Celebra y sigue adelante. Ahora es momento de festejar tu liberación mediante la alegría compartida y la gratitud. Celebrarás un final y un comienzo. No tienes que hacerlo de forma escandalosa o pomposa. Es un regalo para ti mismo. Su importancia es simbólica porque con la celebración validas que mereces ser libre y feliz. Entonces sigue adelante.

No todos se sienten cómodos con cada uno de los siete pasos. Pero eso no es razón para no ponerlos en práctica, pues el condicionamiento tiene la costumbre de decir: "No necesitas cambiar. Estás bien así". Pero si te sientes desanimado, deprimido y ansioso es porque esa voz está mintiendo. No importa cuán familiar te parezca, es la voz de la derrota y está obrando en contra de tu felicidad.

Estos siete pasos te permiten establecer nuevas pautas de comportamiento. No los hagas apresuradamente ni te adelantes. Cada uno tiene su propia integridad. Es la única manera de escapar del pasado: llenar el presente con nuevas conductas. Llegará un momento en que no necesites recorrer cada uno de los siete pasos porque habrás aprendido a reconocer tus sentimientos, a presenciarlos, y a movilizar la energía tóxica que los mantiene en su lugar. Con el tiempo descubrirás que puedes ver tu situación desde varios puntos de vista. Pero por ahora concéntrate en cada paso de la purificación interior.

Cuando empieces a sentirte emocionalmente libre porque ya no te aferras al pasado, habrás abierto espacio para desintoxicar tu vida en general. Descubrirás que deseas simplicidad en tu vida, porque la felicidad es simple. Antes era fácil quedar enredado en cosas superficiales en todos los niveles. Demasiadas actividades, posesiones, sentimientos enterrados y decisiones que nunca se tomaron. Sin embargo, cuando estés listo podrás librarte de todo lo superfluo. A continuación encontrarás una lista que te servirá de guía.

1. Despeja tu entorno.
2. Si compras algo, deshazte de algo.
3. Destina dinero a la protección del medio ambiente; retribuye una pequeña parte de lo que la naturaleza te ha dado.
4. Haz algo sin la intención de lucrar.
5. Sé generoso.
6. Sé espléndido para dar, en especial cosas intangibles.
7. Nutre tu cuerpo en vez de profanarlo.

La vida es complicada y cada vez se complica más, o es simple y cada vez se simplifica más. Lo importante es pasar del primer estado al segundo. Para hacerlo debemos partir siempre del condicionamiento emocional. Cada vez que te liberas de tu viejo condicionamiento, incluso de maneras que parecen insignificantes, estás formando redes neurales más eficientes en tu cerebro. En lenguaje sencillo, te estás volviendo lúcido. En vez de no saber decidir entre A y B, estás enseñando a tu cerebro a sentir el mundo directamente. Ésa es la diferencia entre estar o no condicionado: en este último caso te das a ti mismo mucho más del potencial infinito de la vida. En última instancia sólo existe una toxina: cualquier cosa que te aleja de tu ser verdadero. Tu ser auténtico tiene completa libertad de elección. Cada día se abre a posibilidades infinitas. Una vez que te liberas de todos los condicionamientos te volverás auténtico y serás purificado al mismo tiempo.

Para activar la tercera clave en mi vida cotidiana, me prometo hacer lo siguiente:

1. Prestaré atención al procedimiento de siete pasos cada vez que surja una emoción tóxica. Comenzaré por asumir la responsabilidad de mis reacciones y por no culpar a los demás. Si hay una reacción que me hace sentir desdichado, me corresponde cambiarla. Encontraré la energía para cambiar escapando de mi antiguo condicionamiento, que me hace desdichado. Ésta es la manera más eficaz de desintoxicarme.

2. Antes de llevar algo a mi cuerpo me preguntaré si es o no nutritivo. La nutrición puede tomar la forma de alimentos puros, pero también de emociones puras y de influencias sanadoras. No intentaré cambiar ningún hábito por la fuerza. Si estoy llevando algo tóxico a mi vida —sean sustancias, emociones o relaciones— no lucharé contra mis impulsos; más bien descubriré el cambio en la causa original, que es el condicionamiento emocional.

3. Daré un paso para simplificar mi vida. Cuando algo se complica demasiado veo que sólo se complicará más. Mi objetivo es liberarme de las cosas superficiales que me anclan. Primero está la inocencia de espíritu, que no tiene nada que ver con el exterior y todo que ver con la felicidad que acompaña a mi ser verdadero.

Renuncia a tener la razón

Cuando no insistes en tener la razón accedes a una enorme cantidad de energía. Tener la razón implica que otro está equivocado. La confrontación de tener la razón y no tenerla daña cualquier relación. El resultado es todo el sufrimiento y los conflictos del mundo. Renunciar a tener la razón no significa que no tengas una opinión, pero puedes renunciar a tu necesidad de defenderla. En la indefensión encontramos la invencibilidad, pues ya no hay nada que pueda atacarse. Todos somos conciencias individuales con maneras peculiares de ver la vida. La plenitud es un estado de profunda paz y felicidad.

El que no reclama mérito es quien lo
merece.

TAO TE CHING

Quien comprende el camino de la naturaleza llega a apreciarlo todo.

TAO TE CHING

La mayoría de las personas están estancadas tratando de imponer su punto de vista al mundo. Llevan consigo creencias acerca de lo correcto y lo incorrecto, y se aferran a ellas por años. Decir: "Tengo la razón", proporciona consuelo, pero no felicidad auténtica. Aquellos por quienes te consideras maltratado nunca te pedirán disculpas ni harán que tus quejas o heridas desaparezcan. Las personas con quienes te comparas permanecerán asiladas. Nunca nadie ha sido feliz al demostrar que tenía la razón. El único resultado es el conflicto y la confrontación, pues la necesidad de tener la razón exige que alguien esté equivocado.

No existe tal cosa como la única perspectiva correcta. Lo correcto es lo que se ajusta a tu percepción. Tú ves el mundo como tú eres, y los demás lo ven como ellos son. Este conocimiento es liberador, en primer lugar porque te hace único, y en última instancia porque te hace cocreador con Dios, pues a medida que se expande tu conciencia también se ensancha la realidad. Esto devela un enorme potencial oculto.

Si insistes en tener razón ocurre lo contrario. Como los demás estarán en desacuerdo, tu necesidad de estar en lo correcto generará antagonismo y rechazo. Como ya sabemos, si la necesidad de tener razón es lo suficientemente rígida y feroz surgen las guerras, a menudo en nombre de Dios. Si el mundo es espejo de lo que somos, siempre está reflejando una perspectiva. La objetividad es una ilusión del ego, creada para reforzar su insistencia en lo que considera correcto. Es triste que las personas sacrifiquen la finalidad verdadera de la vida, incrementar la alegría y la felicidad, por el frío consuelo de juzgar a los demás y sentirse superiores. Si ves el mundo con sentencias y no con amor, ése será el mundo que habitarás.

Los conflictos surgen porque no comprendemos que hay tantos puntos de vista como personas. Nuestra perspectiva única es un don. Vivimos en un universo que refleja lo que somos, lo cual deberíamos valorar y celebrar. Pero en vez de ello estamos atareados defendiendo la partecita que nos corresponde. Piensa en cómo se desarrollan las relaciones. Nos llevamos bien con quienes están de acuerdo con nuestro punto de vista. Sentimos una conexión íntima; nos sentimos validados en su presencia. Luego se rompe el encanto: resulta que la otra persona tiene muchas opiniones y creencias con las que no concordamos en absoluto. En ese momento se desata la guerra entre lo correcto y lo incorrecto, al tiempo que se despliega el sendero hacia la infelicidad.

El hecho de mantener una relación íntima hace aún más doloroso hallar puntos de discordia. En el sutil nivel emocional te sientes abandonado. La hermosa sensación de fundirte con alguien a quien amas se destruye. En este momento el amor queda mermado. Ambas personas experimentan el regreso del ego, que dice: "Yo tengo la razón. Mi manera de hacer las cosas es la única correcta. Si en verdad me amaras te darías por vencido". Pero en realidad el amor no se ha malogrado; simplemente ha sido bloqueado por la necesidad de tener la razón, de aferrarnos a nuestro punto de vista en vez de rendirnos a lo que haría el amor. Sin embargo, para el ego la rendición es sinónimo de derrota y vergüenza.

Si adviertes que lo anterior está pasando, cada vez que surja en tu conciencia la necesidad de tener razón analiza la circunstancia y su contexto. ¿Es posible que la perspectiva de otra persona sea tan válida como la tuya? Dada la equivalencia de todos los puntos de vista, ya no tiene que haber vencedores y vencidos. Pregúntate: "¿Qué quiero en realidad en esta circunstancia, tener la razón o ser feliz?" Observa que no son iguales. Cuando cedes a tu necesidad de estar en lo correcto das la espalda al amor, a la comunión y, en última instancia, a la unidad. La unidad es certeza de que en el nivel más profundo todos compartimos la misma conciencia, fuente de todo el amor y de toda la alegría.

Mientras más aceptes esto, menor necesidad tendrás de ser sentencioso. A medida que profundices en tu experiencia de no necesitar tener la razón, tu mente se tranquilizará. Empezarás a sentir más empatía y tu percepción se ampliará. Surgirá una certeza que los envolverá a ti y a la persona que no concuerda contigo. A medida que te relajas y dejas de estar a la defensiva se reducirá tu obsesión con definiciones, etiquetas, descripciones, evaluaciones, análisis y juicios. Todos éstos son parte de la batería de defensa del ego. Son excelentes para desatar discusiones y guerras, y pésimas para establecer la paz.

Conforme se disipa nuestra necesidad de tener la razón, se reducen agravios y resentimientos, que son las consecuencias de creerse en lo correcto. Hace falta sentirse agraviado para considerarse una víctima. Pero, ¿no existen víctimas verdaderas en el mundo, personas que han sido objeto de terribles injusticias y maltratos? La injusticia es muy real e innegable, pero la etiqueta de "víctima" es otra cosa, es una herida psicológica. Una persona marcada por ella no puede sino desarrollar una historia que cada nueva experiencia refuerza: "La vida me ha hecho sufrir, estoy débil y herido. Estoy resentido con quienes ejercen poder sobre mí. Mi dolor se ha convertido en lo que soy". En última instancia, ser la víctima es una forma de autocrítica. Con el pretexto de haber sido herido, te hieres todos los días asumiendo ese papel.

Al ir más allá del resentimiento te alejas de la ira y la hostilidad. La ira cierra la puerta del reino del espíritu. Por más que consideres justificado guardar un rencor, en un nivel más profundo no haces sino atarte a quien te agravió. Esa conexión adquiere tal importancia que eclipsa la que te vincula con tu espíritu, con tu ser más elevado y con tu alma. A menudo las personas utilizan la espiritualidad para justificar su indignación moral ante la inhumanidad del mundo, tan horriblemente lejos de ser ideal. Aunque es fácil sentirse identificado con esta perspectiva, también es importante reconocer incluso que la indignación moral es ira. Dado que la conciencia es un campo que abarca a todos, el resultado es que entran a él más enojo, resentimiento y hostilidad.

La indignación suele volverse una excusa para la inacción. Las personas que combaten la injusticia en el mundo no se dejan consumir por la ira. Son lúcidas, serenas y tienen valores firmes. Saben distinguir el pasado, por el que ya nada puede hacerse, del presente, que puede corregirse. Einstein dijo: "Ningún problema puede resolverse en el nivel de conciencia donde fue concebido". Vale la pena recordar esto cuando pensamos que nuestra ira está justificada. La justificación nunca ha solucionado nada; sólo provoca más ira y antagonismo. Pero sobre todo contradice la regla de Einstein porque el nivel de la solución siempre es diferente al nivel del problema.

Y para ir a un nivel diferente al del problema debes verte con claridad. Muchas personas ni siquiera se dan cuenta de que están defendiendo su necesidad de tener la razón. Las señales no son siempre ira y resentimiento, pero la actitud justificadora siempre tiene un común denominador: la negativa a rendirse. Sólo la rendición nos libera de la crítica. Para quien está bajo el yugo del ego, la rendición parece una derrota absoluta. El ego prospera en las siguientes circunstancias:

- Obtienes lo que quieres.
- Otras personas convienen en seguir tus planes.
- Te sientes en control de ti mismo.
- Lo correcto y lo incorrecto están claramente delimitados.
- Nadie cruza la línea entre lo correcto y lo incorrecto.
- Estableces las condiciones para amar a alguien y para ser amado.
- Quien está de acuerdo contigo está mostrando que te ama.
- Te sientes seguro con quienes te obedecen. Te sientes inseguro con quienes debes obedecer.

Irónicamente, las situaciones que satisfacen a tu ego hacen a tu ser verdadero profundamente desdichado. No hay alegría en estar al mando, no hay amor en controlar a otros, no hay expansión en defender la separación entre lo correcto y lo incorrecto. Sin embargo, es tan seductora la historia del ego que miles de personas intentan alcanzar la felicidad por los medios descritos. Y bien pueden desarrollar una autodisciplina perfecta y ejercer poder sobre los demás, pero al hacerlo sacrifican su ser verdadero.

Para encontrar tu ser verdadero debes rendirte a él, y la mejor manera de hacerlo es rendirte a otra persona. Esto no significa que el ego se someta a otro ego. Eso sí sería una derrota. Más bien se trata de compartir con el otro la verdad acerca de ti mismo.

- Quieres amor sin limitaciones.
- Quieres sentirte seguro.
- Quieres expresarte de manera creativa.
- Quieres expandirte con alegría.
- Quieres ser libre.
- Tu mayor deseo es la unidad en un estado de perfecta tranquilidad.

¿Qué ocurre cuando compartes estos profundos deseos con otra persona? Lo que siempre ha ocurrido. El mundo reflejará tu nivel de conciencia. En este caso, el reflejo proviene de la persona con quien compartes tu verdad. Cuando dices a la persona amada: "Tú eres mi mundo", estás hablando muy literalmente.

Pero ésta es sólo la primera etapa de la rendición. Es imposible que dos personas deseen lo mismo a cada minuto del día. Ambos quieren cosas diferentes; ambos tienen distintos puntos de vista. Para que la rendición sea más que un simple ideal debes llevarla a la práctica. Muchas personas anhelan una relación espiritual pero sucumben a los obstáculos de la vida cotidiana: conflictos por dinero, trabajo, familia y ambiciones, por ejemplo. No hay necesidad de suprimir estos conflictos, ni de conformarse con acuerdos que no satisfacen a ninguna de las partes. Quien no es capaz de satisfacerse a sí mismo no puede satisfacer a otro.

El secreto no es rendirse a otra persona, ni siquiera rendirse uno a otro. Hay que rendirse al sendero. Lo que comparten es un sendero. Su compromiso no es con lo que tú quieres ni con lo que tu compañero quiere. El deseo individual es secundario. Te comprometes con el lugar a donde te lleva el sendero. De esta manera renuncias a tu perspectiva centrada en el ego. Tu atención se dirige al espacio entre tú y el ser amado. Ésta es la brecha entre ego y espíritu. Cuando te sientas tentado a obedecer a tu ego, acude a este espacio compartido y pregunta lo siguiente:

- ¿Cuál opción es más amorosa?
- ¿Qué nos traerá paz?
- ¿Qué tan despierto estoy?

- ¿Qué clase de energía estoy generando?
- ¿Estoy actuando a partir de la confianza o de la desconfianza?
- ¿Siento lo que mi pareja está sintiendo?
- ¿Soy capaz de dar sin esperar nada a cambio?

Estas preguntas no tienen respuesta automática. Son para despertar tu espiritualidad. Te sincronizan con un proceso que va más allá del "yo" y del "tú". El espacio que compartes con otra persona te permite ver más allá del ego. Los beneficios de esto no son evidentes en un principio. Tu antiguo condicionamiento dirá: "¿Qué tiene de malo obtener lo que quiero? ¿Por qué debo pensar primero en alguien más? Tengo derecho a esperar cosas buenas para mí".

Lo que tu ego no ve es algo precioso que está oculto en toda relación espiritual: el misterio. Este misterio nace del amor; te llama desde un sitio de tranquilidad y alegría que el ego nunca podría alcanzar con todas sus luchas, exigencias y necesidades. El simple hecho de entrar al espacio entre tú y la persona amada te abre al misterio. Cuando dos personas se enamoran, la existencia del misterio se hace evidente: ambos quedan cegados por él. Se sienten fundidos y perfeccionados en su arrebato. Nada podría salir mal jamás. El mundo entero está contenido en la otra persona. Pero cuando el romance se desvanece, todo esto también se esfuma. Por eso es necesario el compromiso para mantener con vida esos primeros atisbos de una satisfacción que está más allá de ti, y que sin embargo no es sino tú mismo.

Cuando te comprometes con el sendero también te rindes a él. Todos los días te preguntas: "¿Qué puede hacer el amor? Muéstrame. Estoy preparado". Las respuestas te sorprenderán. El amor puede resolver problemas, curar heridas, solucionar disputas y plantear respuestas inesperadas. No estamos hablando del amor personal, el sentimiento contenido en una sola persona. Éste es un amor más allá del individuo, que ve y sabe todo. Cuando te entregas a él, las diferencias cotidianas pierden significado: las preocupaciones acerca de dinero, ambición, trabajo y familia toman su justa medida. Un poder invisible reconcilia los opuestos; genera armonía por sí mismo.

El estado descrito no puede alcanzarse mediante el esfuerzo ni puede controlarse. Debes permitirte un estado de apertura. Presencias lo que está ocurriendo; te lo tomas con tranquilidad; obedeces cuando surge el impulso adecuado. Así se vive la vida espontáneamente. Lo que sea que ocurra a continuación es lo correcto. Lo que necesites en el nivel más profundo se te da automáticamente. Vivir en ese estado es posible, aunque pocas personas lo hacen. De hecho, es la manera más natural de vivir. Pero si criticas tu vida, si te aferras a tener la razón, si insistes en establecer fronteras, en misterio no podrá alcanzarte. Vivir en armonía con el misterio toma tiempo. La rendición, como todo lo demás, es un proceso, no un salto. A pesar de los altibajos, el sendero avanza siempre, y cada paso es un paso de amor. Ésa es en última instancia la razón de las relaciones: ser capaz de ver a otra persona a los ojos y compartir el conocimiento de que el poder del amor los ha bendecido a ambos.

Para activar la cuarta clave en mi vida cotidiana, me prometo hacer lo siguiente:

1. Advertiré cuando sienta el impulso de tener la razón. Lo observaré y lo dejaré ir. Al presenciar esta conducta estaré iniciando mi transformación. Cada recordatorio reforzará mi propósito en la vida, que es ser feliz, no estar en lo correcto.

2. Me abstendré de usar los calificativos correcto e incorrecto, bueno y malo. Hallaré libertad en una perspectiva más amplia que conduce a soluciones creativas más que a críticas y acusaciones. Mi felicidad reside en la quietud que yace más allá de todas las etiquetas.

3. Cuando me sienta tentado a verme como víctima, recordaré que soy el creador de las circunstancias que estoy viendo. Me preguntaré: "¿Qué estoy haciendo en el estado de conciencia donde estoy creando esto?" Con esta sencilla pregunta pasaré de ser una víctima a ser un creador.

Concéntrate en el presente

Si te concentras en el presente tu vida se renovará constantemente. El momento presente es lo único eterno. No muere ni puede ser olvidado. Por eso la felicidad en el presente no se te puede arrebatar. Ella te libera de la trampa del tiempo, que produce pesar debido al pensamiento, la evaluación y el análisis. Al estar plenamente en el presente experimentas la intemporalidad, y en ella está tu ser verdadero.

Nunca habrá otra perfección que la de ahora.

Canto a mí mismo, WALT WHITMAN

Aunque todos hemos oído que debemos vivir en el presente y no en el pasado, estas palabras guardan una lección espiritual más profunda. Antes de que surja algún pensamiento en nuestra mente estamos en un estado intemporal. Después de que el pensamiento ha cumplido su propósito, ya sea plantear un deseo o el recuerdo de un acontecimiento pasado, volvemos a un estado intemporal. Ahí no necesitamos una razón para ser felices. Simplemente lo somos.

La felicidad fundada en razones no es sino otra forma de desdicha. Cualquiera que sea la razón de tu felicidad —una buena relación, una situación placentera o posesiones materiales— pueden arrebatártela en cualquier momento. Así pues, tu felicidad es frágil y depende de factores externos. La felicidad sin razones es la felicidad verdadera. Se le conoce comúnmente como dicha. Ésta es una felicidad que no se te puede arrebatar.

No hace falta buscar la dicha ni tampoco sentir nostalgia una vez que la has experimentado. La dicha está disponible en el ahora. Pero, ¿qué es el ahora? Podemos llamarlo conciencia del momento presente, que es una buena frase porque nos recuerda que la dicha no puede alcanzarse al recordar el pasado o anticipar el futuro. El presente no tiene duración. Tan pronto intentas medirlo, desaparece. Por eso el ahora siempre está renovándose. Es intemporal porque el tiempo no puede detenerlo. El ahora no puede envejecer ni morir.

El tiempo es un fenómeno misterioso, pero sabemos que es subjetivo y lo usamos para medir la experiencia. Considera las siguientes oraciones:

- Me estaba divirtiendo y el tiempo pasó volando.
- Estaba aburrido y el tiempo se me hizo larguísimo.
- Nos dieron un plazo muy corto y el tiempo se agotaba.
- La belleza de las montañas era tan impresionante que el tiempo se detuvo.

Cada una de estas experiencias del tiempo es personal. El problema del tiempo es que siempre lo hacemos personal. Ya sea que lamentes algo de tu pasado o te preocupes por algo del futuro, estás provocando cambios en tu cuerpo. En otras palabras, pasas gran parte de tu vida metabolizando el tiempo. Cada experiencia de tu vida ha sido metabolizada en tu cuerpo físico e influye en tu reloj biológico. De hecho, el envejecimiento biológico, con todas sus consecuencias de dolencia, sufrimiento e infelicidad, no es sino el metabolismo del tiempo. Incluso el recuerdo momentáneo de un trauma del pasado te hace sufrir una vez más. Las experiencias positivas también son el metabolismo del tiempo pero no desgastan el cuerpo.

Las tradiciones espirituales del mundo ponen gran dedicación en resolver el problema del tiempo, pues la dicha, la felicidad que no necesita razones, sólo puede ocurrir en el momento presente. Si tu vida está atrapada en el paso del tiempo, tu cuerpo también quedará atrapado. Pero si puedes escapar de las garras del tiempo, tu cuerpo será transformado por la experiencia de la dicha.

La solución a la que llegaron las tradiciones espirituales del mundo es la siguiente.

El tiempo, nos dicen, es el movimiento de la conciencia, es decir, el movimiento del pensamiento. El tú verdadero, que está más allá del pensamiento, sólo puede hallarse en el ahora. Tu ser auténtico, que existe en el ahora eterno, no es observador ni objeto de observación. Sin embargo, tan pronto surge un pensamiento en tu mente, aparece un observador, así como el objeto de observación. Así pues, cada persona existe en dos realidades. En primer lugar, el estado silencioso del ser, ajeno al tiempo; ésta es la sede de la dicha. En segundo lugar, el mundo relativo lleno de experiencias; la mente vive en este mundo, actuando constantemente como el observador concentrado en un objeto de observación.

Al concentrarte en el presente te alineas con la primera realidad y con su potencial para la felicidad que no puede arrebatarse. Pero si te concentras en la segunda realidad, con sus cambios constantes de escenario, tu mente será atrapada por el tiempo, y éste producirá todos los efectos negativos que ya hemos mencionado.

Cuando te concentras en el momento presente no renuncias al mundo relativo. Sigues participando en la vida cotidiana, pero con una diferencia. Ya no te identificas con el cambio. Los altibajos de la fortuna no te apartan de tu ser verdadero. Normalmente estamos tan enganchados en los escenarios cambiantes que no notamos cuando nos salimos del momento presente.

Es importante reconocer que toda la desdicha existe en el tiempo. Otra manera de entender esto es que el tiempo nace cuando tu ser verdadero ha sido sacrificado por tu imagen pública. Ya hemos hablado de la imagen pública y de sus falsas promesas. El tiempo, en tanto que es un movimiento del pensamiento, utiliza tu imagen pública o ego como tu punto de referencia interno. Si observas atentamente lo que ocurre en tu mente, ¿qué ves?

- Constantemente estás evaluando todas tus experiencias.

- Estás comparándote con algo que parece mejor o peor.
- Estás rechazando algunas cosas y eligiendo otras.
- Estás inventando una historia.

Ninguna de estas actividades es verdaderamente necesaria. Simplemente acumulan razones para ser feliz o desdichado. Una manera de hacerlo es comparar tu situación con la de alguien más. Pero mientras concibes tu historia y miras alrededor para ver si es mejor o peor que la de tu vecino, ¿qué ocurre? Te has apartado del estado natural de felicidad que existe en el ahora. La experiencia es. No necesitas usarla para inventar una historia. Al ego le encanta el melodrama, así que aprovecha cada experiencia para elaborar un cuento interminable sobre cómo va tu vida. El cuento puede ser bueno o malo, dramático o aburrido, egocéntrico o relativamente magnánimo. Pero, ¿qué pasaría si no tuvieras una historia? Tu vida sería mucho más simple y más natural. No tendrías una imagen pública que defender. No tendrías miedo del mañana porque sin una historia que seguir aceptarías cualquier experiencia y la dejarías ir. En ese estado residen la libertad y la dicha.

Uno de mis refranes favoritos dice que estar aquí es suficiente. Cuando las personas lo escuchan, en especial aquéllas con una vida llena de actividades y logros, parecen confundidas. Para ellas, "estar aquí" suena pasivo y vacío. Pero considéralo. Al llevar una vida tan llena de actividades y objetivos, la mayoría no está satisfaciendo a su ser. Antes bien lo contrario: están huyendo del temor profundamente arraigado de que la vida está vacía a menos que la llenes constantemente.

En una ocasión vi a una persona muy afligida confrontar a un gran maestro espiritual. Enfrentaba la posibilidad de perder todo su dinero y su empleo. Estaba desesperada y quería saber qué consejo podía darle el sabio. Cuando terminó de contar su trágica historia, el gran maestro respondió con una sencilla frase: "Las almas no se rompen. Rebotan".

El miedo ha estado engañándonos, como ocurre con frecuencia. Si permitieras a tu mente dejar la interminable persecución de objetivos, el tiempo se detendría. Experimentarías tu ser. En ese momento te darías cuenta de que "estar aquí" es tu asiento, tu fundamento. La calidad del ser conduce a la calidad de la conciencia. La calidad de tu conciencia determina la calidad de tu vida. Todos debemos nuestra existencia al hecho de que la existencia no está vacía. El ego te empuja a identificarte con el mundo cambiante. Mantiene tu atención en todo excepto en tu ser. Piensa en todas las cosas que te importan: casa, familia, trabajo, dinero, posesiones, estatus, religión, política, asuntos internacionales. Todas son creaciones del ego. Están alojadas en el complejo edificio del tiempo. Cuando atraviesas la barrera del ego también atraviesas la barrera del tiempo.

El ahora eterno es el punto de unión entre el mundo no manifiesto e invisible del espíritu y el mundo manifiesto y visible que consideramos real. Son pocas las personas que saben que viven en ambas realidades. Y todavía menos las que saben que el mundo no manifiesto e invisible es la realidad primaria. Comparado con ésta, el mundo visible es un teatro de sombras. Por eso cuando te concentras en el momento presente estás mirando a través de una ventana a la realidad ilimitada e intemporal de la que se eleva y a la que se vuelve a hundir el universo entero.

El mundo exterior surge en cada momento del ahora. Su siguiente nacimiento nunca es igual al que lo precedió. El cambio constante es la regla; la transformación constante mantiene todos los procesos, incluido el de la vida. Así, el ser verdadero puede definirse como un punto estático rodeado por la transformación. Si te permites ser absorbido en este punto estático permanecerás inmutable en medio del cambio.

Debes aprender a distinguir el momento de la situación. No son lo mismo. La situación rodea al momento presente. Puede ser desagradable y dolorosa, o todo lo contrario, pero sea cual sea, surge y desaparece. Pasa. El ahora eterno, siempre presente, permanece. Hay personas que dicen sufrir tanto dolor que les resulta includible. Pero todo ese dolor nace del pensamiento, y por tanto puede cambiar. He tenido pacientes con dolor crónico severo, y cuando algunos de ellos lograron diferenciar su situación del momento presente, el dolor desapareció milagrosamente. Habían trascendido un dolor nacido en el tiempo. Con esto aprendí que hasta las situaciones más extremas pueden trascenderse.

Para trascender tu situación debes cultivar un nuevo estilo de conciencia por el que prestes atención a lo que es y observes la plenitud de cada momento. La mayoría de las personas no se concentra en lo que es. Eclipsa la experiencia de lo que es con lo que podría ser o lo que fue. El pasado y el futuro acaparan su atención. Cuando dirijas toda tu atención a lo que es, te sumergirás en la plenitud del ahora.

¿Cómo se cultiva esta nueva forma de atención? Principalmente mediante la conciencia profunda. Tener conciencia profunda significa prestar atención, pero de una manera especial a la que la mente no está acostumbrada. En cualquier momento tu mente está prestando atención a cosas que no tienen nada que ver con el momento presente. La lista de posibilidades es inmensa.

- Tu mente puede estar sintiéndose distraída y estresada.
- Soñando despierta o fantaseando.
- Preocupándose.
- Reviviendo antiguos recuerdos.
- Haciendo planes para el futuro.

- Ideando maneras de tomar el control de la situación.
- Defendiendo sus preciadas creencias.
- Seguramente está contándote una historia muy conocida.

La lista anterior es útil porque describe de manera sencilla lo que la conciencia profunda no es. En vez de esforzarte en tener una conciencia profunda, es más fácil que dejes de hacer lo contrario. Cuando adviertas que tu mente está realizando una actividad que te saca del momento presente, simplemente detente. No evalúes ni analices. No te reprendas. Por el simple hecho de observar lo que está ocurriendo y dejarlo llegar a su fin habrás accedido al ámbito de la conciencia profunda.

Muchas personas nunca han experimentado su mente en reposo. Al leer la lista anterior pensarán: "Pero para eso es la mente. Eso es lo que soy". No, tú no existes para apoyar la actividad de la mente; la mente existe para apoyarte. Una de las mejores maneras en que puede hacerlo es permitiéndote experimentar la realidad; no la realidad fluctuante del mundo material sino la realidad inmutable, ajena al tiempo.

Otras personas son capaces de experimentar unos cuantos momentos de reposo en su mente, tal vez concentrándose en su respiración o en un mantra, pero casi de inmediato se reanuda la agitada actividad mental. ¿Qué hacer entonces? Pasa a la modalidad de la atención simple. Hay muchos aspectos de la vida de los cuales puedes tomar conciencia, además de la bulliciosa actividad de la mente. Pueden ser tus emociones, tu respiración o las sensaciones de tu cuerpo. Puedes tomar conciencia de los sonidos de tu entorno o de la manera en que mueves tu cuerpo para sentarte, caminar, comer o cualquier otra actividad.

Es importante no esforzarse o afanarse. Cualquier cosa a la que dirijas tu atención te traerá al momento presente y te dará la experiencia de la *presencia*. Cuando estás cerca de un santo, por ejemplo, experimentas divinidad, que en realidad se funda en algo mucho más simple: proviene de estar presente. Estar presente es suficiente para conferir calma y una sensación sutil de seguridad, amor y alegría. Pocas veces experimentamos esto en nuestra vida, pues apenas tenemos un pensamiento o una sensación empezamos a evaluarla y analizara. Al hacerlo, el presente desaparece y se lleva consigo la presencia.

Estar presente y experimentar la presencia son lo mismo, y ninguna requiere esfuerzo. No puedes esforzarte para estar presente. Simplemente estás. Si practicas la conciencia profunda, la presencia gozosa empezará a estar contigo en todo momento. Si adviertes que te distraes, el simple hecho de notarlo te devolverá al presente. La clase de conciencia profunda a la que me refiero no tiene nada que ver con la búsqueda del vacío o la evasión. No requiere concentración ni intensidad. Es el estado más relajado y natural porque nada hay más relajado que tu ser. Puedes acceder a él simplemente advirtiendo la presencia de las actividades que te distraen y dejándolas ir. La frase "como viene se va" tiene un profundo significado espiritual: lo que viene y se va no es el tú real; éste es la dicha que existe más allá del tiempo.

Para activar la quinta clave en mi vida cotidiana, me prometo hacer lo siguiente:

1. Aceptaré lo que es sin imponerle lo que fue o lo que podría ser. Lo que es me trae al momento presente. Disipa la preocupación y la anticipación. Al concentrarme sólo en lo que está ante mí adopto una nueva mentalidad mucho más relajada y tolerante. Permito a mi propio ser estar presente. De esta manera experimento la plenitud de la presencia divina.

2. Advertiré cada vez que me distraiga. No soy la actividad febril de la mente. No soy la historia que mi mente me cuenta una y otra vez. No soy mis recuerdos ni mis sueños del futuro. Soy el punto fijo, ahora y siempre. Apenas dejo de estar distraído soy consciente. Ahora puedo prestar atención al momento presente y a la plenitud que contiene.

3. Distinguiré el momento presente de la situación presente. Todas las situaciones surgen y desaparecen. Las cosas cambian pero yo permanezco. Si una situación estresante se prolonga, buscaré un lugar tranquilo para recomponerme. Si esto no es posible, prometo marcharme a la primera oportunidad.

Éste es el valor práctico de la conciencia profunda.
Me recuerda que mi principal objetivo en la vida es
estar presente con mi ser verdadero. Sólo así puedo
apreciar lo que es.

SEXTA CLAVE

Observa el mundo en ti

Cuando ves el mundo en ti dejan de existir los obstáculos externos para la felicidad. Los mundos interno y externo son espejo uno del otro. Se modifican de acuerdo con tu nivel de conciencia. Si estás vibrando en el nivel del temor, tu mundo interior de pensamientos y emociones, así como tu mundo exterior de circunstancias y relaciones, lo reflejarán. Del mismo modo, si tu conciencia vibra en el nivel del amor, éste se encontrará presente en ambos mundos. Cuando hayas alcanzado el nivel más profundo de tu ser se manifestará un flujo de felicidad y abundancia.

El mundo entero está contenido en ti, y si sabes mirar y aprender, la puerta estará ahí y la llave estará en tu mano.

J. Krishnamurti

Soy la luz que hace posible la experiencia. Soy la realidad oculta en todos los seres.

Yoga Vasishtha

El mundo exterior refleja tu realidad interna. No tiene otra opción. Como hemos visto, vivimos en dos ámbitos simultáneamente, y el ámbito no manifiesto e invisible es el primordial. Lo que ocurra en el nivel más profundo de lo no manifiesto debe cobrar vida como suceso, situación, desafío, crisis u oportunidad externos. Lo no manifiesto es el lugar donde se escribe el guión de tu vida.

Por supuesto, todos querríamos escribir un guión que incluyera felicidad, satisfacción y amor. ¿Por qué entonces es tan raro que la vida nos dé esas cosas? Si no entiendes los niveles más profundos de la conciencia, no serás capaz de sacarles provecho. Hay ciertas condiciones que debes aceptar como verdaderas:

- La conciencia está en todas partes.
- Es infinitamente flexible.
- La realidad cambia en diferentes estados de conciencia.

Estamos acostumbrados a pensar lo opuesto a estas afirmaciones. Limitamos la conciencia al cerebro, suponemos que el nivel de conciencia de una persona es estático, y creemos que la realidad es esencialmente la misma para todos. Lo irónico es que el universo, en tanto entidad consciente, refleja esas creencias. Para que tus mundos interno y externo se unan verdaderamente, debe haber un cambio en tu conciencia.

Tu identidad auténtica no es ni el mundo interior ni el exterior. Tú eres el creador de ambos. La misma fuente que genera pensamientos, sentimientos, recuerdos, emociones y todas las experiencias subjetivas, genera simultáneamente el mundo objetivo que corresponde a tu estado subjetivo. Si no te gusta lo que sucede a tu alrededor, no intentes "arreglarlo". Eso sería como pulir un espejo esperando cambiar lo que se refleja en él. Para que cambie lo que ves debe emitirse un nuevo mensaje desde la fuente.

Nuestro sistema de creencias actual, que insiste en que algo debe ser tangible y concreto para ser real, confina la conciencia al cerebro. Esto es muy limitante. Existe un estado fundamental más allá del tiempo y el espacio que concibe, gobierna y crea todos los acontecimientos que ocurren en el espacio-tiempo. Imagina que antes de que tengas un pensamiento o antes de que ocurra un suceso en el mundo, empieza como una semilla en el estado fundamental. La semilla vibra y cobra vida, desplazándose desde el nivel más sutil de la naturaleza hasta el más burdo, donde los cinco sentidos pueden detectarla. La física cuántica concuerda con esta idea; incluso acepta que los pensamientos de "aquí dentro" deben provenir del estado fundamental, así como los electrones y fotones de "allá afuera". La diferencia es que las tradiciones espirituales del mundo vinculan a los dos. Dan mayor importancia a la conciencia, mientras la física concede mayor valor a la materia inerte, aunque esto está empezando a cambiar.

Supongamos que hay una situación que te desagrada. Tú percibes que la responsable es una circunstancia o relación externa. El simple hecho de aplicar el pensamiento positivo no cambiará nada. Puedes pensar todo lo positivamente que quieras acerca de tus problemas, pero se trata de un estado de ánimo superficial, no llega a la fuente. De hecho, la manipulación artificial de tus pensamientos, incluso en dirección positiva, puede incrementar el estrés y empeorar la situación. La solución es modificar simultáneamente las realidades interna y externa. La conciencia impregna todo y puede suscitar cambios en cuatro niveles fundamentales: ser, sentimiento, pensamiento y acción.

El nivel más elevado de la conciencia es el *ser puro*. Lo podemos ver en la inocencia del niño: hay espontaneidad, fascinación, alegría y desparpajo. Cuando te estableces en este nivel de conciencia, tus pensamientos y acciones reflejan estas características. El ser puro no tiene características que podamos etiquetar, pero eso no significa que esté vacío. En la quietud y el silencio del ser entramos en contacto con el estado fundamental que mencionan los físicos. El poeta William Blake lo llamó el estado de la inocencia organizada, es decir, donde la inocencia ha adquirido el poder de organizar toda la vida. Si vives desde el nivel del ser puro habrás dominado la creación. Las leyes de la naturaleza acuden en tu ayuda cuando las convocas usando el poder de la intención.

Debido a que la conciencia trasciende la identidad personal, vivir desde el nivel del ser puro despierta los valores más profundos de la vida. Las tradiciones espirituales de oriente mencionan los cuatro valores más armónicos con la existencia humana. Constituyen el nivel más elevado del *sentimiento*:

1. Bondad.
2. Compasión.
3. Satisfacción por el éxito de otros.
4. Ecuanimidad, paz.

Las anteriores podrían llamarse cualidades del corazón, que existen en el nivel del sentimiento cuando una persona alcanza el nivel más elevado del pensamiento. El pensamiento obtiene su integridad de los sentimientos. Es posible que tu mente conciba toda clase de pensamientos caritativos, amables y pacíficos sin que la totalidad de tu ser los respalde; existirían como ideas vacías, de manera que el mundo podría seguir mostrándote reflejos nada amorosos. Pero si tus pensamientos están fundados en sentimientos genuinos que emanan de tu ser más profundo, el resultado de este proceso —los actos que realizas en el mundo— te brindará satisfacción.

Cuando las personas se quejan de que la vida es injusta, en realidad lo que están diciendo es que hay disparidad entre los sucesos internos (esperanzas, deseos, expectativas, ambiciones, metas) y la respuesta del mundo exterior. Nuestra sociedad refuerza constantemente la idea de que debemos ir en pos de nuestros sueños pero, ¿qué hay de los millones de personas cuyos sueños se han desvanecido? De alguna manera, la cadena que conduce de ser a sentir, a pensar y finalmente a actuar, se ha reventado.

No es difícil restaurar la secuencia, pero debes movilizar las cosas en la dirección correcta. El ser puro conduce al nivel más elevado del sentimiento, y el nivel más elevado del sentimiento genera el nivel más elevado del pensamiento y la acción. He aquí la respuesta a cómo ser una persona amorosa en un mundo no amoroso. No te esfuerzas por ser amoroso, no te opones a quienes no lo son. Antes bien te estableces en el ser puro, amoroso por naturaleza, y las realidades interna y externa no podrán sino reflejar lo que eres.

Esta imagen de la realidad manando de una fuente provoca una transformación radical en todos los niveles. Pongamos por caso el pensamiento. Como vimos, la mayor parte del tiempo nuestra mente está ocupada con distracciones, incapaz de concentrarse en el momento presente. Hábitos como la preocupación, la ansiedad, la planeación y la fantasía son resultado de nuestra desconexión del ser puro. El nivel más elevado del pensamiento es un flujo constante de creatividad que mana de la fuente y viene acompañado por sentimientos de alegría y compasión. El resultado final es la acción. Todos sabemos qué se siente actuar con base en el conflicto, estrés, ansiedad, indecisión y duda. Todos sabemos que son obstáculos mentales a la acción correcta. El nivel más elevado de la acción es completamente diáfano. Como proviene de un nivel que está más allá de la personalidad, tal acción va más allá del beneficio personal. Beneficia todo lo que te rodea, empezando por tu familia y extendiéndose al mundo entero. Si deseas ayudar a la humanidad, la manera más eficaz es actuar una vez establecido en el ser puro.

Es importante comprender que los mecanismos de la conciencia no son teóricos ni abstractos. En tu vida cotidiana puedes observar que cuando te apartas de tu estado fundamental de felicidad, tanto tu mundo interno como el externo se perturban. Esto es señal de que te has desconectado de tu ser verdadero. Antes de intentar manipular tus pensamientos o la situación, da un paso atrás y reconéctate con el ser. Ya sabes utilizar la conciencia. Debes trasladar tu atención de la situación al ser. ¿Es ésta una panacea para cualquier circunstancia adversa de la vida? No, pero las razones por las que la conciencia puede fracasar son reveladoras:

Si la conciencia es superficial tiene menos influencia; tu mente debe alcanzar un nivel más profundo.

La resistencia interna, los traumas del pasado y las creencias anquilosadas interrumpen el flujo de la conciencia. Cuando está bloqueada pierde su poder.

Prácticamente todo el trabajo que se realiza en el sendero espiritual consiste en dos cosas: eliminar obstáculos y alcanzar un nivel más profundo de la conciencia. Con esto abres una conexión con tu ser verdadero y eliminas la resistencia del ego. Incluso desde el inicio del sendero, la conciencia de tu rol como observador resulta muy efectiva. Cuando alcanzas dicho estado te sientes asentado, alerta, flexible y preparado para actuar desde el nivel más alto. El paso al papel de observador es sutil. Requiere simplemente que te detengas.

Si esto te parece difícil —como lo es para muchas personas que nunca se han tomado el tiempo para simplemente estar consigo mismas— entonces simplemente observa tu respiración. Si la observas sin manipularla empezará a aquietarse. La respiración guía al cuerpo. Es la respuesta física más sutil y refleja el movimiento de la conciencia. No puedes ocultarle tus reacciones y sentimientos verdaderos. Conforme continúes observando tu respiración te sentirás calmado y centrado. Tus pensamientos se asentarán y el estrés externo no parecerá tan amenazador. Lo que estás haciendo es modificar tu vibración en el nivel del ser.

Con un poco de experiencia de lo que es estar en calma serás capaz de acceder al nivel más elevado del sentimiento. Puedes lograr esto recordando una experiencia de amor. Sumérgete en la sensación de estar enamorado o de ser profundamente amado. Una vez que hayas establecido una conexión plena con este sentimiento, pide la guía de tu conciencia más profunda. Ésta responderá con una idea original o una explicación significativa. A menudo, esta conexión se manifiesta en la forma de una coincidencia o de un giro inesperado en los acontecimientos. ¿Por qué sucede esto? Porque estamos tan habituados a seguir la guía tendenciosa del ego, cuya agenda incluye la venganza, la ambición, la inseguridad y la presunción, que el ser verdadero debe comunicarse mediante sucesos sorprendentes o inesperados. Pero sin importar la ruta que sigan, permanentemente están saliendo mensajes de tu conciencia profunda.

Ahora puedes actuar desde el nivel más elevado, sabiendo que las consecuencias de tu acción beneficiarán a todos los involucrados en la situación. El beneficio puede ser evidente o sutil, inmediato o diferido. No te corresponde manipular las cosas para que todos queden satisfechos. Tu obligación consiste solamente en ejecutar el despliegue secuencial de la conciencia en su nivel más alto: ser, sentimiento, pensamiento y acción. El Nuevo Testamento lo describe con una frase enigmática: estar en el mundo pero no ser de él. Ahora queda claro lo que significan estas palabras. Haces que todo lo que te rodea —personas, circunstancias, situaciones y el estrés que provocan— resulte casi irrelevante. Aunque sigues participando en el mundo, lo haces arraigado en la realidad más profunda de la que emana. Vivir desde tu fuente une los mundos interno y externo. Trasciende ambos y confiere a tus pensamientos la fuerza de la naturaleza.

Para activar la sexta clave en mi vida cotidiana me prometo hacer lo siguiente:

1. Aprenderé a acceder al ámbito del ser. Hoy seré consciente; meditaré; repararé la conexión con mi ser verdadero. Sólo al experimentar el ser puro hallaré una base sólida para todo lo que sienta, piense y haga.

2. No importa cuán incómoda o desagradable sea hoy una experiencia, la enfrentaré con una conciencia más elevada. Me conectaré con mi ser, encontraré el sentimiento más elevado de amor en mi interior y permitiré que mi conciencia profunda dicte la acción que debo seguir.

3. Cuando advierta que estoy reaccionando con ira u oposición a una persona o circunstancia, sabré que sólo estoy luchando conmigo mismo. La resistencia es una respuesta generada por viejas heridas. Al renunciar a esa ira sanaré y cooperaré con el flujo del universo.

Vive para la iluminación

Buscar la iluminación es buscar tu ser verdadero. La iluminación es el estado más atento de la existencia y también el más natural, pues de él provienes. Tu hogar es un lugar de profundo amor, tranquilidad y alegría. Al regresar a él te percibirás como uno con Dios. En ese momento comprenderás que tu anhelo de felicidad era sólo el principio. Tu deseo más profundo era la libertad que resulta del completo despertar.

Miro en tus ojos y veo el universo entero, el que ha nacido y el que no ha nacido.

RUMI

El ser humano es una criatura que ha recibido la orden de convertirse en Dios.

SAN BASILIO

Sentirse realizado significa ir más allá de las experiencias cotidianas. En el fondo los seres humanos siempre hemos anhelado el éxtasis, un sentimiento de euforia, alegría, tranquilidad y amor. La adicción a las drogas y el alcohol demuestra la inanición y el deseo de nuestra sociedad de alcanzar el éxtasis verdadero. La felicidad cotidiana sólo nos da una probada y nos deja con ganas de más. Así pues, la felicidad es el comienzo de un viaje que busca una satisfacción más elevada.

Muchas personas han experimentado por accidente la felicidad más intensa, comúnmente conocida como experiencia cumbre. Dichas experiencias pueden presentarse en momentos íntimos con la naturaleza, en presencia de la música o el baile, en el juego o al hacer el amor. Lo que distingue a una experiencia cumbre no es su intensidad sino su significado: se siente como si se hubiera revelado una realidad más grande, más libre, más expansiva. Todos los que han tenido una experiencia cumbre intentan revivirla. La mayoría sufre una decepción, pues un momento de conciencia más elevada no es lo mismo que adquirirla. Lo que se necesita es un sendero hacia la transformación, guiado por una visión de las posibilidades inspiradas por aquella primera probada.

En las tradiciones espirituales del mundo, la búsqueda del éxtasis es completamente natural. El éxtasis es tu estado energético original. Volver a él es volver a casa para establecerte definitivamente. Este objetivo recibe muchos nombres: redención, salvación, trascendencia e iluminación. Hay tantos senderos como dogmas y maestros espirituales. Pero a final de cuentas se propugna una sola verdad: el alma humana anhela volver al lugar donde reside el éxtasis. Ahí puede hallarse la unión con el misterio de Dios.

¿Es posible expandir nuestra conciencia hasta que se funda con la de Dios? La respuesta que proponen las tradiciones espirituales del mundo es que sí lo es, pero para el individuo la única prueba reside en experimentar esa unión. Para ello se requiere una decisión de vida. Destellos de intensa felicidad, incluso un momento de éxtasis, puede ocurrir espontáneamente: el cielo se despeja y de repente puedes ver el sol. Pero buscar la iluminación exige que realices un cambio en tu libre albedrío. En vez de buscar la felicidad debes buscar la dicha. El problema para la mayoría de las personas es que este cambio parece extremo, impropio, incluso amenazador. Es comprensible. A medida que las tradiciones espirituales cayeron en decadencia, surgió una falsa creencia acerca de la iluminación. Se le identificó con renuncia, sacrifico, pobreza y soledad.

Nada de esto es verdad. ¿Cómo podría el descubrimiento de tu ser verdadero considerarse una forma de sacrificio? El ego saca provecho de este error haciéndote creer que no hay otro ser que el que te ha mostrado. De ti depende descubrir la verdad. Cuando tomas conciencia empiezas a observar lo que ocurre dentro y alrededor de ti. El observador ve lo que el ego intenta esconder, que la vida cotidiana no es satisfactoria cuando tu deseo más profundo ha sido bloqueado.

En los capítulos anteriores analizamos distintas maneras de hacer el cambio necesario. Vayamos ahora más adelante. Puedes dar un rápido vistazo a la iluminación con un sencillo ejercicio. Cierra los ojos e imagina un hermoso ocaso sobre el océano. Mira los colores tan vívidamente como sea posible; observa la luz centelleando sobre la superficie del agua. Ahora abre los ojos. ¿Viste el ocaso? Esa imagen no estaba en tu cerebro. Si miráramos su interior sólo encontraríamos reacciones electroquímicas recorriendo las redes sinápticas. En el interior de tu cerebro no hay imágenes que coincidan con lo que ven tus ojos. En la corteza visual no hay ni el más mínimo destello de luz. Pero cuando cierras los ojos e imaginas un ocaso, lo que experimentas no son reacciones electroquímicas. ¿Dónde se encuentra entonces esa imagen del ocaso? No está en el cerebro sino en la conciencia. Ocurre lo mismo cuando tratas de imaginar algo con los cinco sentidos: el aroma de una rosa, el sonido del llanto de un recién nacido, la suave textura del terciopelo o un beso bien plantado en los labios. No hay imágenes, sonidos, sabores ni olores en el cerebro, sólo un oscuro silencio que parpadea con débiles impulsos eléctricos e intercambios químicos. Todas las sensaciones existen exclusivamente en la conciencia.

Ahora extiende este conocimiento a tu cuerpo. Lo experimentas como una serie de sensaciones: el peso de tus brazos, el ir y venir de tu respiración, el golpeteo de tu corazón cuando corres. Pero, una vez más, ninguna de estas sensaciones puede encontrarse en el cerebro, ni siquiera con estudios de tomografía axial computarizada o resonancia magnética funcional. Lo único que revelan estos análisis son señales electroquímicas. Así pues, tu cuerpo también existe en tu conciencia. No hay otro lugar donde pueda experimentarse.

Echa un vistazo al mundo que te rodea. Todo en sus colores, sonidos, sabores y olores parece completamente real pero, ¿dónde se localiza este mundo? Si levantas una piedra que ha estado bajo el sol, tu condicionamiento pasado te induce a pensar: "Si esta piedra se siente pesada y tibia, es real". Pero si tu cuerpo, que también se siente pesado y tibio, sólo existe en la conciencia, la piedra también. Todo lo que te sea posible experimentar, así se encuentre en el rincón más lejano del universo, existe en tu conciencia. Para encontrar tu hogar debes hallar dónde reside esta conciencia.

Ahora plantéate la pregunta definitiva: ¿dónde existes *tú*? Si el mundo no puede encontrarse en tu cerebro, mucho menos tú, pues ningún estudio de resonancia magnética ha encontrado jamás una parte del cerebro que se active cuando te percibes a ti mismo. Y sin embargo sabes que tienes un ser. Para hallarlo debes pensar fuera del cerebro; de hecho, fuera del tiempo y el espacio. Eres conciencia pura, que no tiene localización en el tiempo ni en el espacio. Piensa cómo funciona la televisión. Cuando la miras puedes ubicar la pantalla en tu sala de estar. Esa imagen sólo existe gracias a las señales que transmite el emisor. Esas señales están en todas partes. Por increíble que parezca, aunque puedas localizar tu cuerpo en el tiempo y el espacio, tu conciencia está en todas partes, lo que significa que tú también lo estás. La única razón por la que tu cerebro se activa es que la conciencia así lo quiere.

Empezando con un ejercicio muy sencillo, imaginar un ocaso sobre el océano, llegamos a una verdad pasmosa: tú mantienes unido el mundo con el simple hecho de observarlo. El observador convierte un remolino amorfo de fotones en todo lo que vemos, escuchamos, tocamos, saboreamos y olemos. No tienes que hacer nada para hacer esto. Basta la intención sutil. Quieres ver un ocaso y lo haces. No hace falta instruir al cerebro acerca de cómo construir la imagen a partir de impulsos electromagnéticos. Del mismo modo, si quieres dar un paseo por la calle no tienes que enseñar a tus músculos cómo moverse ni a tu sistema cardiovascular cómo llevarles sangre. Con una simple intención no proferida se forman todas las conexiones necesarias.

Tú mantienes el mundo unido en un nivel muy sutil, la fuente de la creación, conocida como Dios. Juntos, tú y Dios producen la realidad, y ninguno necesita esforzarse para hacerlo. Estar iluminado significa estar sintonizado con este sencillo hecho. Como sustento de la creación, tu papel es ser, nada más. Al comprender esto la vida ya no requiere esfuerzo. Estrés, tensión, preocupación, ansiedad e incertidumbre desaparecen. Así se revela el secreto de la dicha ilimitada.

Ahora conoces tu objetivo y el sendero que te llevará a él. ¿Cómo puedes saber si estás haciendo avances en tu camino? Fijándote todos los días en los siguientes indicadores:

1. Tu vida fluye con espontaneidad y naturalidad.
2. El amor está convirtiéndose en la fuerza motivadora de tu vida.
3. Estás descubriendo fuentes ocultas de creatividad e imaginación.

4. Estás aceptando una guía más elevada en tu vida.
5. Tus elecciones son benéficas para ti y para quienes te rodean.

Bien podríamos reducir todas estas señales a una sola: estás expandiendo la experiencia de la felicidad a donde quiera que vas.

Durante mi niñez en la India recibí algunas lecciones muy simples acerca de la espiritualidad. Una de ellas era que la iluminación es como correr a los brazos de tu madre. Cualquier niño puede identificarse con esa sensación, y también los adultos al considerar el significado del sendero espiritual. El recorrido es una expansión progresiva desde la conciencia ordinaria, con todo su temor y aislamiento, hasta la conciencia del alma, que es segura, cálida y acogedora.

Una vez en los brazos de tu alma estás en casa. Dejas de identificarte con las fronteras del ego. Descubres que no estás en el mundo: el mundo está en ti. Todo lo que puede decirse de la conciencia se reduce a esto. Debido a que el viaje nunca termina, siempre hay más que ganar. Simplemente con la conciencia de tu ser verdadero progresarás con naturalidad y sin esfuerzo a la conciencia cósmica, que significa estar completamente alerta 24 horas al día, aun cuando tu cuerpo y tu cerebro estén durmiendo. Después te expandirás a la conciencia divina o conciencia de Dios, en la que todo está hecho de luz.

La presencia divina emana de todos los objetos, todas las experiencias, todos los pensamientos. (De este plano suele decirse que es como llevar gafas doradas, pues una luz radiante inunda la conciencia.)

Finalmente, llegarás a la conciencia de la unidad, donde terminan todas las separaciones y divisiones. Todos los momentos son parte de la eternidad. Todas las experiencias se comparten con el cosmos. William Blake describió la conciencia de la unidad así: "Para ver el mundo en un grano de arena, y el Cielo en una flor silvestre, abarca el infinito en la palma de tu mano, y la eternidad en una hora".

Con todo este camino por recorrer, considera dónde te encuentras ahora. Si estás decidido a seguir tu camino, la posibilidad de disfrutar la felicidad se expande al infinito. Te estarás dirigiendo nada menos que a la iluminación. No pienses que la iluminación es como suele describírsele, como un estado místico. La realidad es que la conciencia se expande naturalmente. El estado de dicha es tu derecho de nacimiento. Cuando alcanzas una conciencia más elevada en cualquier forma, mediante la devoción, la compasión, el servicio o el conocimiento del ser, estarás en el viaje del que hemos hablado desde la primera página de este libro, y desde el primer día de nuestra vida. Si la conciencia es tu hogar verdadero, la iluminación es tu destino verdadero.

Para activar la séptima clave en mi vida cotidiana, me prometo hacer lo siguiente:

1. Recordaré que el éxtasis es mi estado energético primordial. Es mi fuente. Puedo regresar a él cuando lo desee. Lo que necesito es trasladar mi atención desde los deseos de mi ego hacia mi más profundo deseo: encontrar mi ser verdadero.

2. Veré mis pensamientos, mi cuerpo y mi entorno como un mismo proceso. Este proceso tiene lugar en la conciencia. No hay divisiones en la realidad. Si me siento aislado, indefenso o solo es señal de que he perdido contacto con el proceso. Cuando formo parte del flujo de la vida todas las cosas son aspectos distintos de una misma cosa: el despliegue de mí mismo.

3. Mantendré viva mi visión de la vida, un viaje de la conciencia ordinaria a la conciencia del alma, donde el conocimiento pleno no puede perderse. A partir de ese punto empieza la vida real, pues mi sendero me llevará a la conciencia cósmica, a la conciencia divina, y finalmente a la conciencia de la unidad. Cada vez que me distraiga el mundo externo con sus constantes exigencias, recordaré mi visión seguiré mi camino. La iluminación es mi destino. Cuando llegue estaré por fin en casa.

La felicidad sanará al mundo

Una antigua manera de ser feliz ha llevado al mundo al borde del abismo; una nueva manera de ser feliz puede salvarlo. Éstas son afirmaciones drásticas, pero si son verdaderas puede sobrevenir un gran cambio, y su efecto sólo podría ser positivo. Todos los problemas que vemos a nuestro alrededor son resultado de las elecciones de los individuos. Sin importar cuán grande sea el desafío, desde el calentamiento global hasta las armas nucleares, desde el sida hasta la sobrepoblación, la semilla del problema fue la decisión de actuar de cierta manera. Al momento de tomar la decisión, la persona quería crear más felicidad o evitar la infelicidad. La pregunta es cómo hacer elecciones conducentes a la felicidad y no a desastres imprevistos.

Tal cosa no puede ocurrir si la felicidad se define a la manera antigua, aunque parecía segura. Poseer un auto y trasladarse con él al trabajo hace a la mayoría de las personas más felices que caminar. Tener un hijo hace felices a las parejas casadas. Hace años, rastrillar las hojas en otoño y quemarlas en una pila era la marca de un ciudadano responsable. No obstante, a la larga estos simples actos provocaron problemas mundiales. A la felicidad también se le puede responsabilizar de la conducta autodestructiva. Por ejemplo, durante la Guerra Fría la acumulación de armas nucleares empezó como una manera de mantenernos seguros, pero pronto Estados Unidos y la Unión Soviética alcanzaron la "destrucción mutua asegurada", lo que significa que el lanzamiento de un primer misil hubiera desencadenado una serie de sucesos que aniquilaría ambas naciones.

Incluso antes del calentamiento global y la carrera de las armas, las personas hacían elecciones en pos de la felicidad y que en realidad no conducían a ella. La antigua manera de ser feliz suponía creencias y condiciones que indefectiblemente producirían infelicidad:

- El individuo está solo y debe luchar para satisfacer sus deseos.
- El estado primordial de la naturaleza es la carencia. Las cosas buenas no existen en cantidad suficiente para todos.
- El entorno es hostil y el hombre debe luchar para sobrevivir.
- Es conveniente acumular todos los bienes materiales que sea posible.

126

- Ser rico equivale a ser feliz.
- Si no cuidas tus intereses, nadie lo hará.
- Ser feliz ahora es más importante que pensar en el mañana.

Un número incalculable de personas busca la felicidad sin cuestionar ninguna de estas creencias, pero no habrá felicidad en el mundo hasta que rompamos el hechizo. Permíteme contarte una anécdota personal que me ayudó a romperlo. Yo había llevado a mi nieta de seis años a la playa y la miraba jugar junto al mar. Cuando se me acercó para que la secara, me incliné sobre ella y percibí el olor del agua salada en su cabello. Cuando la llevé a su casa, se despidió y le di un beso en la mejilla, que conservaba el sabor salado del agua.

De repente me di cuenta: "Aquí está la unidad de la vida". La sal del océano es la misma que corre en todos los seres vivos. El simple acto de oler el mar lleva una nube de moléculas de sal a nuestro cuerpo, y cuando besamos a otra persona en la mejilla, el sentido del gusto lleva más moléculas de su cuerpo al nuestro. No hay nada que no se comparta. Cuando olemos el humo de un cigarrillo, inhalamos partículas de aire contaminado que estuvo en los pulmones de otra persona. En todo momento estamos inhalando virus que incubaron en las células de otras personas. Estos microorganismos dañinos son responsables de la circulación mundial de ADN de una forma de vida a otra. En el poema *Canto de mí mismo*, Walt Whitman dijo: "Y cada átomo de mi cuerpo es tuyo también".

Estamos ineludiblemente trenzados en el tejido de la vida. Piensa en un árbol del África tropical, en una ardilla de Siberia, en un camello de Arabia Saudita, en un campesino chino cosechando arroz o en un chofer de taxi que pasa zumbando por las contaminadas calles de Calcuta. En tus tejidos hay materias primas que estaban circulando en esos cuerpos hace menos de 20 días. Tu cuerpo no es tuyo. Nunca lo fue. La matemática de la desintegración radiactiva revela que cada uno de nosotros tenemos en nuestro cuerpo al menos un millón de átomos que alguna vez estuvieron en el cuerpo de Cristo, Buda, Gengis Kan o cualquier otra figura histórica. Tan sólo en las últimas tres semanas han pasado por tu cuerpo mil billones de átomos que antes circularon por todas las especies de seres vivos del planeta.

Este intercambio se extiende a los niveles más sutiles de la existencia. Los pensamientos circulan por todo el planeta gracias a internet, y entran a otros sistemas nerviosos que los absorben. Los aparatos de comunicación funcionan con electricidad, y ahí también somos parte de un campo de energía y de un campo de información. Asimismo, nuestras emociones no están confinadas a nosotros. La ansiedad por la crisis económica ha llegado a todos los hogares del mundo y ha producido reacciones compartidas por miles de millones de personas. Cuando sientes que tu presión sanguínea aumenta, tu pulso se acelera o se te hiela la sangre, las mismas reacciones están afectando a todos los que comparten esa ansiedad.

Yo he expresado esta idea muchas veces y de varias maneras, pero en aquel momento, al ver a mi nieta bajar del auto y correr hacia su casa, el impacto fue innegable. Comprendí al instante que no podría ser feliz en aislamiento, y mucho menos alcanzar la iluminación. Puedo buscar refugio en la ilusión de que "yo" estoy separado, que "yo" puedo competir contra un "él" para obtener lo que quiero, y que uno ganará y el otro perderá. Pero este refugio es el lugar más peligroso que puede haber. La idea de la separación nos hace tomar decisiones que al final se vuelven contra nosotros. Y todo porque las moléculas de sal flotan del océano a un cuerpo humano, y luego a otro y a otro más, sin cesar.

Siempre procuro recordar unas palabras del físico y astrónomo inglés sir James Jeans: "En la realidad más profunda [...] bien podríamos ser miembros de un solo cuerpo". Éste es el primer principio de la nueva felicidad perfilada en este libro. Rompe el hechizo de la separación; ello hace posible la sanación del mundo en un momento de gran inseguridad y crisis.

El segundo principio es que todos existimos en todos los demás, pues el aire, la comida y el agua que tomamos y expulsamos están en circulación constante.

El tercer principio es que esta circulación constante es un proceso. La naturaleza actúa como un todo, sin dejar un solo átomo fuera de su tejido.

Si estos principios son ciertos, un cambio de conciencia es la única manera en que puede alcanzarse hoy la felicidad sin que la desdicha venga en el futuro. Actualmente, la felicidad de las personas depende de que otro sea infeliz (por pobreza, explotación, guerra, crimen y división de clases), o bien de que cerremos los ojos ante la fragilidad de la felicidad actual frente a un cambio en el futuro.

* * *

A todos nos favorece crear una felicidad auténtica y duradera. A muchas personas la frase "la felicidad sanará al mundo" les parece exagerada e ingenua. Y es cierto que un sentimiento agradable o la satisfacción personal no pueden sanar al mundo, ni mucho menos. Pero en un nivel elemental, las personas felices no elegirían desarrollar armas químicas, organizar movimientos terroristas, torturar o desatar guerras. Si por lo menos un pequeño grupo de personas encontrara su ser verdadero y así alcanzara la felicidad que no puede arrebatarse, vivirían en un nivel profundo de la conciencia. Desde dicho nivel, la influencia emitida hacia su entorno sería profunda.

Estas personas aportarían a la conciencia del mundo un elemento que podríamos llamar *coherencia*. (En una era religiosa lo llamaríamos santidad, pureza o la paz que sobrepasa todo entendimiento.) Tal es el estado fundamental de todos porque la coherencia es innata; ninguna célula de tu cuerpo podría mantenerse viva por tres segundos si la vida no fuera sistemática, organizada, equilibrada y si no estuviera interconectada. En el nivel de la conciencia, ser coherente contigo significa:

- Estar en paz.
- Ser pacífico.
- Estar despierto y alerta.
- Ser intrépido.
- No tener conflictos ni falsas ilusiones.
- Ser resistente.
- Ser independiente y no estar sujeto a influencias externas.

Estas características no deberían ser la excepción, pero lo son cuando las personas son infelices, y su incoherencia se propaga a su alrededor. La incoherencia individual produce un estado de caos, confusión y conflicto. A partir de ese estado, que todos hemos conocido, los problemas del mundo surgen tan indefectiblemente como el día sigue a la noche. Cuando le preguntaron a J. Krishnamurti cómo podría evitarse la guerra, él respondió con profundidad: "Cambia tú. Tu ira y violencia son la causa de todas las guerras". El mundo ha permitido que la incoherencia se propague como una pandemia. Ahora debemos probar si la coherencia puede producir el efecto contrario: terminar con el caos, los conflictos y la confusión en una escala global.

Siempre hemos sabido que dependemos unos de los otros para nuestro bienestar emocional y físico. Un comentario negativo de otra persona puede provocar un caos físico en tu cuerpo; un comentario positivo puede convertir el caos en armonía. Emociones como el amor, la compasión, la empatía y la alegría devuelven el cuerpo a un estado de equilibrio conocido como homeostasis, en que se activan los mecanismos de autorreparación dando como resultado la sanación biológica. Si mantuvieras dicho estado de bienestar y yo estuviera cerca de ti, reaccionaría del mismo modo. Mi fisiología reflejaría la tuya.

La verdad subyacente parece innegable: mi felicidad puede sanar a otra persona tal como me sana a mí. La contribución más importante que puedo hacer para la sanación de nuestro planeta es ser feliz. Al propagar esa felicidad en donde quiera que vaya, suscito una respuesta sanadora. Es fundamental comprender que nada de esto exige hacer algo especial; no tenemos que concentrarnos en actos de bondad, aunque si surgen como expresión espontánea de tu felicidad, qué mejor. No es mediante palabras ni actos que promovemos el cambio más profundo a nuestro alrededor. Como dijo Ralph Waldo Emerson: "Lo que eres está gritando tan fuerte que no puedo escuchar lo que dices". Mientras más intensa sea tu felicidad, mayor será su efecto sanador.

La influencia sanadora de la felicidad viaja a la velocidad de la luz, literalmente. Como un pensamiento estimulante que viaja en internet y llega a millones de personas en cuestión de horas, la felicidad de una persona no tiene límites. Se multiplica exponencialmente como una infección benigna, suscitando orden en vez de desorden, unidad en vez de separación. Así pues, en lugar de aferrarte a una identidad limitada, mírate en una escala global, como parte del cuerpo, la mente y el espíritu ampliados de la humanidad. Una matriz que está más allá de cualquier campo de energía o de información nos mantiene unidos. Es un campo espiritual. Es la manifestación de lo que las religiones llaman la mente de Dios.

Ahora la visión está completa. Como afirmó el antiguo filósofo Plotino: "Nuestro afán no es sólo estar libres de pecado sino ser Dios". La existencia más feliz imaginable es vivir en la mente de Dios, una mente por completo humana, como siempre lo quiso Dios. Todo lo que tememos y deseamos cambiar puede transformarse mediante la felicidad, nuestro más simple anhelo y también el más profundo.

Agradecimientos

Mi más profunda gratitud a las personas emprendedoras que hicieron posible este libro. En el Centro Chopra, Carolyn, Felicia y Lindsay me apoyan con su trabajo incansable. Mi editor de toda la vida, Peter Guzzardi, se ha convertido en un *alter ego* en cuya opinión siempre puedo confiar. Muchas gracias a Julia Pastore y Tara Gilbride de Harmony Books. Finalmente, un agradecimiento especial a Shaye Areheart, quien ha promovido mis libros en la industria editorial, en los buenos tiempos y en los malos. Tu confianza conforta mi corazón y hace que todo valga la pena.

TAMBIÉN DE DEEPAK CHOPRA

EL TERCER JESÚS
El Cristo que no podemos ignorar

¿Quién es Jesucristo? En *El tercer Jesús*, Deepak Chopra nos da una respuesta que, además de edificante, desafía las creencias actuales y da una perspectiva nueva de lo que Jesús puede enseñarnos a todos. No hay un único Jesús, escribe Chopra, sino tres. En primer lugar, hay un Jesús histórico, el hombre de carne y hueso que vivió hace dos mil años y cuyas enseñanzas constituyen la base de la teología y del pensamiento cristiano. El segundo Jesús es el hijo de Dios, que ha llegado a encarnar una religión institucionalizada con devotos creyentes. Y detrás de esas dos imágenes se encuentra el tercer Jesús, el Cristo cósmico, el guía espiritual cuyas enseñanzas se dirigen a toda la humanidad. Al interpretar el Nuevo Testamento de una nueva manera, y al volver a lo esencial del mensaje de Jesús, *El tercer Jesús* puede realmente transformar nuestras vidas y a la humanidad.

Religión/Espiritualidad/978-0-307-38916-9

REINVENTAR EL CUERPO, RESUCITAR EL ALMA
Cómo crear un nuevo tú

"Tu cuerpo físico es una ficción" nos dice Chopra. Cada célula está compuesta de dos elementos básicos: conciencia y energía. Aquí aprenderás a aprovechar esos elementos para cambiar los patrones de energía distorsionados que son la causa de las enfermedades y el envejecimiento. Pero la transformación no trata solo del cuerpo; debe incorporar también el alma, que en realidad crea el cuerpo. Y sólo al llegar a ella alcanzarás tu máximo potencial, y conseguirás mayor percepción, inteligencia y creatividad en todos los aspectos de tu vida. *Reinventar el cuerpo, resucitar el alma* ofrece 10 pasos que nos llevarán a la auto transformación.

Religión/Espiritualidad/978-0-307-47652-4

VINTAGE ESPAÑOL
Disponibles en su librería favorita, o visite
www.grupodelectura.com